BLAISE PASCAL AKUKWI LEDIKA

L' EGLISE DANS TOUT SON ENTENDEMENT

BLAISE PASCAL AKUKWI LEDIKA

L' EGLISE DANS TOUT SON ENTENDEMENT

L'EGLISE A LA LUMIERE DES SAINTES ECRITURES

Éditions Croix du Salut

Imprint
Any brand names and product names mentioned in this book are subject to trademark, brand or patent protection and are trademarks or registered trademarks of their respective holders. The use of brand names, product names, common names, trade names, product descriptions etc. even without a particular marking in this work is in no way to be construed to mean that such names may be regarded as unrestricted in respect of trademark and brand protection legislation and could thus be used by anyone.

Cover image: www.ingimage.com

Publisher:
Éditions Croix du Salut
is a trademark of
Dodo Books Indian Ocean Ltd. and OmniScriptum S.R.L publishing group

120 High Road, East Finchley, London, N2 9ED, United Kingdom
Str. Armeneasca 28/1, office 1, Chisinau MD-2012, Republic of Moldova, Europe
Managing Directors: Ieva Konstantinova, Victoria Ursu
info@omniscriptum.com

Printed at: see last page
ISBN: 978-620-6-16958-1

L'EGLISE DANS TOUT SON ENTENDEMENT

Introduction

Beaucoup de gens qui croient en Dieu, en Christ et en la Bible sont confus au sujet de l'Église. Ce n'est pas étonnant. Il existe des centaines d'Églises dans le monde. Chacune est différente et chacune prétend enseigner la vérité. Comment pouvons-nous distinguer l'Église qui a raison de celle qui a tort ?

Il n'y a qu'une seule façon de le savoir. Nous devons retourner à la Bible et écouter les instructions données à l'Église par Jésus et ses apôtres. Ensuite, nous devons comparer les enseignements du Christ et de ses apôtres avec les enseignements des églises. Lorsqu'une église suit la Parole de Dieu, elle a raison. Lorsqu'une église ne suit pas la Parole de Dieu, elle a tort.

Dans ce livre, nous allons étudier les Écritures pour essayer de découvrir ce que Dieu veut que soit l'Église. En commençant notre étude, essayons de mettre de côté nos anciennes idées sur l'Église. Lisons la Bible avec un regard neuf, comme si nous la lisions pour la première fois. En examinant les Écritures avec un esprit ouvert, nous parviendrons à une meilleure compréhension de ce que Dieu veut que soit son Église dans le monde moderne.

1. L'Église Le Royaume de Dieu

Il y a des milliers d'années, les prophètes de Dieu ont écrit sur un royaume éternel. Guidés par l'Esprit de Dieu, ils ont regardé vers l'avenir et ont vu le temps où des hommes et des femmes de toutes les nations vivraient sous le règne de Dieu.

2. Esaïe parle d'un royaume éternel.

Vers 700 avant J.-C., Isaïe a regardé vers l'avenir et a vu l'Église du Christ. Guidé par le Saint-Esprit, Isaïe a écrit ce qui suit :

« Dans la suite des temps, la montagne du Temple de l'Éternel sera élevée au-dessus de toutes les montagnes. [...] Des gens de toutes les nations s'y rendront en foule. Des gens de plusieurs lieux s'y rendront et diront : Venez, montons à la montagne de l'Éternel. [...] Alors Dieu nous enseignera sa voie, et nous le suivrons. Son enseignement, le message du Seigneur, commencera à Jérusalem, sur la montagne de Sion, et se répandra dans le monde entier » (Ésaïe 2:2-3).

Dans cette prophétie, Isaïe dit trois choses importantes au sujet du royaume éternel de Dieu : (1) La montagne du temple du Seigneur (l'Église) sera établie « dans les derniers jours ». (2) Des gens « de toutes les nations » s'y rendront. (3) Le message du Seigneur sera prêché d'abord à Jérusalem, sur le mont Sion, et sera diffusé dans le monde entier.

Isaïe continue :

« Cela se produira lorsque l'enfant spécial naîtra. Dieu nous donnera un Fils. […] Son nom sera 'Admirable Conseiller, Dieu puissant, Père éternel et Prince de la paix'. Sa puissance continuera de croître, et il y aura une paix sans fin. Cela l'établira comme roi assis sur le trône de David et dirigeant son royaume. Il régnera avec bonté et avec justice pour toujours et à perpétuité » (Ésaïe 9:6-7).

Ici, Dieu révèle plusieurs autres vérités sur son royaume éternel : (1) Il sera établi sur terre après la naissance de « l'enfant spécial ». (2) Cet enfant s'assiéra « sur le trône de David ». (3) Il sera appelé « Conseiller merveilleux, Dieu puissant, Père éternel, Prince de la paix ». (4) Ce roi régnera sur son royaume avec « paix », « bonté et justice pour toujours ».

Ces prophéties annoncent la naissance de Jésus-Christ et l'établissement de son royaume éternel, l'Église.

3. Daniel parle également d'un royaume éternel.

En 602 av. J.-C., pendant la deuxième année de son règne sur Babylone, Nebucadnetsar fit un rêve étrange. Dans son rêve, il vit une grande statue. La tête de la statue était en or, sa poitrine et ses bras en argent, son ventre et ses cuisses en bronze, ses jambes en fer et ses pieds en fer mêlé d'argile.

Tout à coup, une pierre vola dans les airs et frappa les pieds de la statue. La statue entière se brisa en petits morceaux. Les morceaux d'or, d'argent, de bronze, de fer et d'argile devinrent comme de la balle sur une aire. Le vent vint et les emporta, et il n'en resta plus rien. Mais la pierre qui avait frappé la statue grandit de plus en plus jusqu'à former une grande montagne qui remplit toute la terre (Daniel 2:31-35).

Nébucadnetsar se réveilla, tout troublé. Il convoqua ses mages et dit : « J'ai eu un songe qui me trouble ; je voudrais savoir ce qu'il signifie. » (Daniel 2:3)

Les mages répondirent : « Roi, vis éternellement ! Raconte-nous, s'il te plaît, ton songe à tes serviteurs, et nous te dirons ce qu'il signifie » (Daniel 2:4).

Mais Nébucadnetsar dit : « Non ! Raconte-moi le songe, et ensuite tu me diras ce qu'il signifie. Si tu peux me raconter le songe, je saurai que tu peux me dire ce qu'il signifie réellement » (Daniel 2:4).

Les mages répondirent : « Il n'y a pas un homme sur la terre qui puisse faire ce que demande le roi ! Jamais un roi n'a demandé à ses sages de faire une chose pareille » (Daniel 2:10).

Lorsque le roi Nebucadnetsar entendit cela, il fut très irrité et ordonna que tous les sages de Babylone soient tués.

4. Dieu explique le rêve à Daniel.

Cette nuit-là, Dieu envoya une vision à Daniel et lui expliqua le secret du rêve de Nébucadnetsar. Le lendemain, Daniel se présenta devant le roi et dit : « Roi Nébucadnetsar, aucun homme sage ne pourrait révéler au roi les secrets qu'il a demandés. Mais il y a un Dieu dans le ciel qui révèle les secrets. Dieu a donné des rêves au roi Nébucadnetsar pour lui montrer ce qui arrivera plus tard » (Daniel 2:27-28).

Daniel expliqua que la statue dans le rêve du roi représentait quatre royaumes terrestres. La tête en or représentait Nebucadnetsar et le royaume babylonien. Les parties en argent, en bronze, en fer et en argile représentaient les royaumes médo-perse, grec et romain qui allaient suivre.

La pierre qui a frappé la statue représentait le royaume de Dieu sur terre. Daniel a dit : « Au temps des rois du quatrième royaume, le Dieu des cieux suscitera un autre royaume qui subsistera éternellement et ne sera jamais détruit. Ce royaume écrasera tous les autres royaumes et les anéantira, mais ce royaume-là subsistera éternellement. » (Daniel 2:44)

Cette prophétie suscita un grand intérêt dans le cœur du peuple de Dieu. Pendant 600 ans, les gens attendirent la venue du royaume éternel de Dieu.

5. Gabriel parle d'un royaume éternel.

À l'époque des rois du quatrième royaume (alors que César Auguste régnait à Rome), les prophéties d'Isaïe et de Daniel s'accomplirent. Dieu envoya l'ange Gabriel à une jeune fille vierge de Nazareth. Le nom de la jeune fille était Marie.

L'ange lui dit : « Sois sans crainte, Marie, car tu es agréable à Dieu. Écoute ! Tu vas devenir enceinte et tu auras un garçon. Tu lui donneras le nom de Jésus. Il sera grand. On l'appellera Fils du Dieu Très-Haut. Le Seigneur Dieu l'établira roi comme David, son père. Il régnera pour toujours, et son règne n'aura pas de fin. » (Luc 1:30-33)

Par ces mots, Gabriel révéla à Marie que son fils, Jésus, serait l'enfant spécial dont Isaïe parlait. Il serait un roi issu de la famille de David, mais il serait aussi le Fils de Dieu. En tant que roi divin, il régnerait sur son royaume avec puissance, paix, bonté et justice pour toujours et à jamais. Le royaume de Jésus ne finirait jamais.

6. Les rois mages vénèrent le bébé roi.

Plus tard, Jésus est né à Bethléem en Judée. Des mages venus d'Orient sont arrivés à Jérusalem. Ils ont demandé : « Où est le petit enfant qui est né pour être le roi des Juifs ? Nous avons vu l'étoile qui annonce sa naissance, et nous l'avons vue s'élever dans le ciel à l'orient, et nous sommes venus l'adorer » (Matthieu 2:2).

Les rois mages suivirent l'étoile jusqu'à Bethléem. « L'étoile marchait devant eux jusqu'à ce qu'elle s'arrête au-dessus du lieu où était le petit enfant » (Matthieu 2:9). Le cœur joyeux, les rois mages entrèrent dans la maison et virent le petit enfant avec sa mère, Marie. « Ils se prosternèrent et l'adorèrent, puis ils ouvrirent les coffrets qu'ils avaient apportés pour lui. Ils lui offrirent des trésors d'or, d'encens et de myrrhe » (Matthieu 2:11). Avec ces précieux cadeaux, les rois mages honorèrent le roi qui était venu pour régner sur le royaume de Dieu pour toujours. Jésus était le Roi dont les prophètes avaient parlé.

7. Ce que nous avons appris

1. *Il y a un Dieu dans le ciel.* C'est un Dieu qui connaît et révèle les choses secrètes. Il sait ce que nous pensons (Psaumes 94:11). Il sait tout de nous. Il sait quand nous nous asseyons et quand nous nous levons. Il connaît nos pensées de

loin. Il sait où nous allons et tout ce que nous faisons. Il sait ce que nous voulons dire avant même que les mots ne sortent de notre bouche (Psaumes 139:2-4). Dieu sait quand un oiseau tombe du ciel. Dieu connaît même le nombre de cheveux sur notre tête (Matthieu 10:29-30).

Le Saint-Esprit nous dit que « Dieu jugera les pensées secrètes des hommes par Jésus-Christ » (Romains 2:16). Dieu connaît tous nos secrets. C'est un Dieu formidable qui mérite notre respect et notre adoration.

2. *L'Église était présente dans l'esprit de Dieu depuis longtemps.* Les prophètes ont parlé de l'Église bien avant qu'elle ne soit établie à Jérusalem. Inspiré par le Saint-Esprit, Ésaïe a regardé devant lui et a vu Jésus, le Fils de Dieu, régner sur son royaume avec puissance, paix, bonté et justice pour toujours et à jamais. Son royaume serait établi à Jérusalem et toutes les nations y afflueraient.

Daniel vit un royaume qui allait venir sur terre avec puissance. Il allait briser et détruire tous les royaumes terrestres. Le royaume éternel de Dieu allait perdurer pendant les jours de l'Empire romain et il allait continuer à croître jusqu'à remplir toute la terre.

Jésus est né à Bethléem en Judée, d'une jeune femme de la famille de David. Ce n'était pas un hasard. C'était le plan de Dieu (Ésaïe 7:14; 9:7; Michée 5:2).

Ce n'est pas non plus un hasard si Jésus est mort sur la croix et est ressuscité le troisième jour. Cela faisait partie du plan de Dieu. « Dieu a formé ce plan dès longtemps » (Actes 2:23).

Dans la deuxième leçon, nous verrons que l'Église a été établie à Jérusalem le jour de la Pentecôte. C'était aussi le plan de Dieu. Avant même que le monde ne commence, Dieu avait prévu que « toutes choses qui sont dans les cieux et sur la terre soient réunies sous le Christ comme chef » (Éphésiens 1:8-10). Le but de Dieu était que « tous les princes et toutes les autorités dans les lieux célestes connaissent maintenant les différentes manières dont il manifeste sa sagesse. Ils le sauront grâce à l'Église. Cela est conforme au plan que Dieu avait depuis le commencement des temps » (Éphésiens 3:10-11). Dieu a fait ce qu'il avait prévu, et il l'a fait par Jésus-Christ, notre Seigneur.

Lorsque nous devenons membre de l'Église du Christ, nous devenons partie prenante du plan éternel de Dieu. L'Église était dans l'esprit de Dieu avant même la création du monde.

II.   Le Royaume de Dieu (Suite)

1. L'Église Le Royaume de Dieu (Suite)

À l'âge de trente ans, Jésus commença à parler aux gens du royaume de Dieu. Il disait : « Le royaume de Dieu est proche. Changez vos cœurs et vos vies, et croyez à la Bonne Nouvelle » (Marc 1:15).

Jésus a utilisé l'expression « royaume de Dieu » de deux manières. Parfois, il l'a utilisée en référence au futur royaume céleste, le lieu où le peuple de Dieu vivra pour toujours. D'autres fois, Jésus a utilisé ce terme en référence à son Église. L'Église est le royaume de Dieu sur terre.

2. Jésus promet de donner à Pierre les clés du Royaume.

Un jour, Jésus demanda à ses apôtres : « Et vous, qui dites-vous que je suis ? » (Matthieu 16:15). Simon Pierre répondit : « Tu es le Christ, le Fils du Dieu vivant » (Matthieu 16:16).

Jésus répondit : « Je bâtirai mon Église sur ce roc [la vérité que Jésus est le Fils de Dieu]. La puissance de la mort ne pourra pas vaincre mon Église. Je te donnerai [à Pierre] les clés du royaume de Dieu » (Matthieu 16:18-19).

Ici, les mots « église » et « royaume » sont utilisés de manière interchangeable. Autrement dit, les deux termes désignent la même chose. Le mot grec traduit par « église » (*ekklesia*) signifie « les appelés » ou « l'assemblée ». Dans ce cas, il désigne tous les croyants en tant que groupe (voir Colossiens 1:18, 24). Le mot « royaume » vient d'un mot qui signifie « gouverner » ou « régner ». En utilisant ces mots ensemble, Jésus disait que l'église est composée de personnes qui ont été appelées à sortir du péché pour vivre sous le règne de Dieu.

3. Jésus a vécu sous le règne de Dieu.

Jésus nous a montré comment vivre sous la domination de Dieu. Au puits de Jacob, Jésus dit à ses apôtres : « Ma nourriture est de faire ce que veut celui qui m'a envoyé » (Jean 4:32-34). Plus tard, Jésus dit : « Je ne cherche pas à me plaire à moi-même, mais je veux plaire à celui qui m'a envoyé » (Jean 5:30). Jésus « a été tenté comme nous, mais il n'a jamais péché » (Hébreux 4:15).

Vivre sous la domination de Dieu, c'est faire ce que Dieu veut que nous fassions. Jésus a donné l'exemple à ses disciples. Son Église est composée de personnes qui vivent sous la domination de Dieu.

4. « Le Royaume de Dieu viendra avec puissance. »

À Césarée de Philippe (une ville du nord de la Galilée), Jésus promit de donner à Pierre les clés du royaume. Jésus dit : « Certains d'entre vous qui êtes ici, avant de mourir, verront le royaume de Dieu venir avec puissance » (Marc 9:1).

À Jérusalem, Jésus dit à ses apôtres : « Il est écrit que le Christ sera mis à mort et ressuscitera le troisième jour. Vous avez vu ces choses, vous en êtes témoins. Allez donc dire aux gens qu'ils doivent se convertir et se tourner vers Dieu, qui leur apportera son pardon. C'est à partir de Jérusalem que vous porterez cette parole en mon nom, à tous les peuples » (Luc 24:46-48).

Par ces paroles, Jésus fit savoir à ses disciples que les prophéties d'Isaïe étaient en train de s'accomplir. Le message du Seigneur commencerait à Jérusalem, sur le mont Sion, et se répandrait dans le monde entier. Dieu était prêt à pardonner aux gens qui regrettaient leurs péchés et qui changeaient leur cœur et leur vie.

Plus tard, sur le mont des Oliviers, Jésus dit à ses apôtres : « Dans quelques jours… le Saint-Esprit viendra sur vous et vous donnera de la force … Vous serez mes témoins. Vous parlerez de moi partout, à Jérusalem, dans le reste de la Judée, dans la Samarie, et dans toutes les parties du monde » (Actes 1:5, 8).

5. L'Église est établie à Jérusalem.

Le jour de la Pentecôte, dix jours après le retour de Jésus auprès du Père, le Saint-Esprit descendit sur les apôtres comme Jésus l'avait promis. « Ils furent remplis du Saint-Esprit, et ils se mirent à parler en différentes langues. Le Saint-Esprit leur donnait le *pouvoir* de le faire » (Actes 2:4).

En ce temps-là, il y avait à Jérusalem beaucoup de Juifs, venus de plusieurs pays. Quand ils entendirent les apôtres parler en différentes langues, ils furent étonnés et dirent : « Voici que ces hommes que nous entendons parler sont tous de Galilée ; mais nous les entendons dans nos propres langues. Comment est-ce possible ? » (Actes 2:6-8).

Quelques hommes de Jérusalem se mirent à rire, pensant que les apôtres étaient ivres d'avoir trop bu de vin.

Pierre se leva et dit : « Mes frères juifs, et vous tous qui habitez à Jérusalem, écoutez-moi. Ces hommes ne sont pas ivres comme vous le pensez ; il n'est que neuf heures du matin. Mais le prophète Joël a écrit à propos de ce que vous voyez se passer ici aujourd'hui : « Dieu dit : Dans les derniers jours, je répandrai de mon Esprit sur toute espèce d'hommes » (Actes 2:28).

Pierre a dit en effet : « Ce sont les « derniers jours » dont Joël et Isaïe ont parlé. Aujourd'hui, Dieu construit sa maison à Jérusalem. Aujourd'hui, le royaume de Dieu vient sur terre avec puissance. Aujourd'hui, Dieu commence à déverser son Esprit sur tous les peuples. »

Pierre prêcha alors la Bonne Nouvelle de Jésus. Il dit : « Mes frères Israélites, écoutez bien ces paroles : Jésus de Nazareth était un homme très spécial. Dieu vous l'a clairement montré. Il l'a prouvé par les miracles, les prodiges et les signes miraculeux qu'il a accomplis par Jésus. Vous avez tous vu ces choses, vous savez donc que c'est vrai.

Jésus a été livré entre vos mains, et vous l'avez fait mourir. Vous l'avez crucifié avec l'aide des méchants. [...] Jésus a souffert la mort, mais Dieu l'a libéré. Il l'a ressuscité des morts. [...] Nous [les apôtres] en sommes tous témoins. Nous l'avons vu. Jésus a été élevé au ciel. Maintenant, Jésus est avec Dieu, à la droite de Dieu. [...] Que tout le peuple juif le sache avec certitude : Dieu a fait de Jésus son Seigneur et son Christ. C'est lui que vous avez crucifié » (Actes 2:22, 24, 32-33, 36).

Lorsque les gens entendirent ces paroles, ils furent vivement touchés et s'écrièrent: Frères, que ferons-nous? Pierre répondit: Repentez-vous, et que chacun de vous soit baptisé au nom de Jésus-Christ, pour que vos péchés soient pardonnés; et vous recevrez le don du Saint-Esprit. (Actes 2:38 LSG)

6. Environ trois mille personnes sont baptisées.

Ceux qui acceptèrent le message de Pierre furent baptisés. « Ce jour-là, le nombre des croyants s'augmenta d'environ trois mille personnes » (Actes 2:41). Pierre utilisa donc les clés du royaume pour ouvrir la porte de l'église. Ce jour-là, les gens commencèrent à entrer dans le royaume de Dieu.

7. Les chrétiens sont dans le Royaume aujourd'hui.

Dans sa lettre aux Colossiens, Paul écrit : « Dieu nous a libérés de la puissance des ténèbres et nous a transportés dans le royaume du Fils de son amour » (Colossiens 1:13).

Lorsque nous avons été baptisés en Christ, Dieu nous a libérés du péché et nous a amenés dans le royaume du Christ, l'Église.

Le Christ règne maintenant sur son royaume, et les chrétiens sont citoyens de son royaume. Le Christ doit régner jusqu'à ce que « Dieu mette tous les ennemis sous sa domination. Le dernier ennemi qui sera détruit sera la mort » (1 Corinthiens 15:25-26). « Alors le Christ donnera le royaume à Dieu le Père » (1 Corinthiens 15:24).

8. Le Royaume de Dieu ne peut pas être détruit.

L'auteur de l'épître aux Hébreux décrit l'Église comme un royaume inébranlable. Il dit : « Tout ce qui a été créé sera détruit… et ce qui ne peut être ébranlé subsistera » (Hébreux 12:27). À la fin des temps, Dieu détruira l'univers qu'il a créé, mais l'Église subsistera pour toujours. Par conséquent, « nous devrions être reconnaissants d'avoir un royaume inébranlable. Et parce que nous sommes reconnaissants, nous devrions adorer Dieu d'une manière qui lui soit agréable » (Hébreux 12:28).

9. Vérités à retenir dans cette leçon
1. *Le Royaume de Dieu est venu sur terre le jour de la Pentecôte.* Les prophéties d'Isaïe, de Daniel, de Joël, de Gabriel et de Jésus concernant le Royaume ont toutes fait référence au dimanche de la Pentecôte. Ce jour-là, Dieu a commencé à accomplir toutes les promesses qui concernaient l'Église : (1) La montagne du temple du Seigneur a été établie. (2) Des gens de toutes les nations ont commencé à y entrer. (3) Le message du Seigneur a été prêché sur le mont Sion et a commencé à se répandre dans le monde entier. (4) Ces choses se sont produites dans « les derniers jours ». (5) Le royaume est venu avec puissance lorsque le Saint-Esprit est descendu sur les apôtres. (6) À l'époque de l'Empire romain, le roi de la famille de David a commencé à régner sur son royaume éternel. (7) Pierre a utilisé les clés du royaume pour ouvrir la porte de l'Église et il a invité les gens à entrer dans le royaume de Dieu.

2. *L'Église est le Royaume de Dieu sur la terre.* L'Église est composée de personnes qui ont été appelées à sortir du péché pour vivre sous le règne de Dieu. L'Église est composée de personnes qui sont plus intéressées à faire ce que Dieu veut que ce qu'elles veulent.

Jésus nous a montré comment vivre sous la domination de Dieu. Jésus a été « tenté de la même manière que nous, mais il n'a jamais péché » (Hébreux 4:15). Jésus a vécu sous la domination de Dieu tout au long de sa vie. Il a toujours fait ce que le Père voulait qu'il fasse. Nous devons essayer de vivre sous la domination de Dieu comme Jésus l'a fait.

3. *Dieu récompense ceux qui vivent sous son règne.* Lorsque Jésus est devenu un être humain, il a renoncé à sa gloire et est devenu un serviteur. Il s'est humilié et est devenu pleinement obéissant à Dieu. Il a obéi à Dieu même si cela l'a amené à mourir sur une croix. Dieu a élevé le Christ à la place la plus importante afin que tout le monde puisse dire : « Jésus-Christ est Seigneur » (Philippiens 2:7-11).

Lorsque nous nous humilions et vivons sous la domination de Dieu comme Jésus l'a fait, Dieu nous élève et nous donne gloire et honneur (Luc 14:11 ; Romains 2:7-10).

III.   Le Corps du Christ

1. Le Corps du Christ

Un jour de sabbat, Jésus entra dans la synagogue de Nazareth et se leva pour lire. On lui donna le livre d'Isaïe. Jésus déroula le livre et trouva l'endroit où il était écrit : « L'Esprit du Seigneur est sur moi. Il m'a choisi pour annoncer la bonne nouvelle aux pauvres. Il m'a envoyé annoncer aux prisonniers qu'ils sont libres, et aux aveugles qu'ils recouvrent la vue. Il m'a envoyé délivrer ceux qui ont été maltraités, et annoncer que le temps est venu pour le Seigneur de montrer sa bonté » (Luc 4, 18-19 ; Isaïe 61, 1-2).

Jésus roula le livre, le remit au responsable et s'assit pour parler. Il dit : « Comme vous m'entendiez tout à l'heure, je lisais ces paroles, et elles s'accomplissaient. » (Luc 4:21).

Par ces mots, Jésus expliqua sa mission sur terre. Par la puissance de l'Esprit de Dieu, Jésus était venu aider les gens. Il était venu partager la Bonne Nouvelle de Dieu avec les pauvres et les libérer de l'emprise du péché. Il était venu rendre la vue aux aveugles et apporter du soulagement à ceux qui souffraient. Il était venu annoncer que Dieu allait faire preuve de bonté envers de nombreuses personnes, pour aider les démunis, pour donner de la force aux démunis et pour apporter de l'espoir aux désespérés. Jésus se souciait des gens.

Aujourd'hui, Jésus veut que ses disciples se soucient aussi des gens.

2. Jésus est venu pour servir et sauver les gens

Alors que Jésus se rendait à Jérusalem pour y être tué, il dit : « Le Fils de l'homme n'est pas venu pour que d'autres le servent. Le Fils de l'homme est venu pour servir les autres. Le Fils de l'homme est venu donner sa vie pour sauver beaucoup d'hommes » (Matthieu 20:28). Jésus est venu sur terre pour sauver les hommes du pouvoir du péché. Jésus veut que nous servions et sauvions les hommes aujourd'hui.

À Jéricho, un collecteur d'impôts nommé Zachée grimpa sur un sycomore pour voir Jésus qui traversait la ville. Jésus leva les yeux et le vit. Il lui dit : « Zachée, dépêche-toi, descends ! Je dois passer aujourd'hui une nuit chez toi » (Luc 19:5)

Quand les gens virent cela, ils se plaignirent : « Regardez le genre d'homme chez qui Jésus loge. Zachée est un pécheur ! » (Luc 19:7). Jésus dit : « Aujourd'hui est le jour où cette famille doit être sauvée du péché. Oui, même ce collecteur d'impôts fait partie du peuple élu de Dieu. Le Fils de l'homme (Jésus) est venu chercher les perdus et les sauver » (Luc 19:7, 10).

Jésus a tendu la main aux gens qui étaient détestés et rejetés par les autres. Il a fait preuve d'amour et de bonté envers tout le monde. Il veut que nous fassions preuve d'amour et de bonté envers les autres aussi.

3. Jésus donne la grande mission

Après sa résurrection, Jésus rencontra plusieurs fois ses apôtres et leur dit d'aller dans le monde entier annoncer à tous la Bonne Nouvelle le concernant. Ce commandement est connu sous le nom de « Grande Mission ».

Sur une montagne de Galilée, Jésus dit à ses apôtres : « Tout pouvoir m'a été donné dans le ciel et sur la terre. Allez, faites de tous les hommes qui sont dans le monde vos imitateurs, baptisez -les au nom du Père, du Fils et du Saint-Esprit, et enseignez -leur à garder tout ce que je vous ai dit. Soyez certains que je serai toujours avec vous, et que je demeurerai avec vous jusqu'à la fin des temps. » (Matthieu 28:18-20).

Jésus allait bientôt retourner auprès du Père. Il ne serait plus avec ses apôtres physiquement, mais il serait avec eux en esprit. Sa mission deviendrait leur mission. Son travail deviendrait leur travail. Même après la mort de ses apôtres, Jésus continuerait à œuvrer par l'intermédiaire de son corps spirituel, l'Église, jusqu'à la fin du monde.

4. Jésus continue à œuvrer et à enseigner à travers son Église

Dans son introduction au livre des Actes, Luc fait une déclaration étrange et inattendue. Il dit : « Dans mon premier livre [l'Évangile de Luc]… j'ai écrit tout ce que Jésus *a commencé* à faire et à enseigner » (Actes 1:1 NIV). Selon cette déclaration, Jésus n'a *commencé* à œuvrer et à enseigner que pendant qu'il vivait sur terre. Maintenant, il continue à œuvrer et à enseigner par l'intermédiaire de son corps spirituel, l'Église.

5. L'Église est le Corps du Christ

Dans sa lettre aux Colossiens, Paul dit : « Christ est la tête du *corps* qui *est l'Église*. […] Il lui faut encore beaucoup souffrir à cause de *son corps* qui est *l'Église* » (Colossiens 1.18, 24). La relation entre Christ et son corps spirituel est si forte que Christ souffre lorsque l'Église souffre. Lorsque nous souffrons, il souffre avec nous. Lorsque nous souffrons, il ressent notre douleur. L'Église est son corps.

Dans sa lettre aux Éphésiens, Paul écrit : « Dieu a mis toutes choses sous la puissance de Christ, et il l'a établi *chef* suprême de l'Église. L' *Église* est *le corps de Christ*, elle en est remplie » (Éphésiens 1:22-23).

Paul utilise la relation entre la tête et le corps comme une figure de style pour décrire la relation entre le Christ et son Église. La tête pense et le corps répond. La tête a une idée et le corps met cette idée en action. La tête dépend du corps pour accomplir ses objectifs. Le corps dépend de la tête pour être guidé et dirigé.

Tous les chrétiens font partie du corps spirituel du Christ, l'Église.

6. En tant que Corps du Christ, les chrétiens sont rendus purs

Paul a dit : « Votre vieil homme pécheur est mort, et votre vie nouvelle est conservée avec Christ en Dieu. Oui, Christ est maintenant votre vie » (Colossiens 3:3-4).

Qu'est-ce que cela signifie ? Cela signifie que nous sommes tous pécheurs, mais nous pouvons être purifiés par le sang de Jésus-Christ (2 Corinthiens 5:21). Cela signifie que Dieu nous aide à éliminer les mauvaises choses de notre vie. L'Esprit de Dieu nous aide à cesser de commettre des péchés sexuels, de faire des choses immorales, de laisser les pensées pécheresses nous contrôler, de vouloir des choses mauvaises et de vouloir toujours plus pour nous-mêmes. Dans le passé, nous faisions ces choses, mais maintenant, nous avons décidé de quitter notre ancienne vie de péché et de vivre la nouvelle vie. C'est la vie de Christ. Dans notre nouvelle vie, nous devenons semblables à celui qui nous a créés (Colossiens 3:5-10). Nous sommes purifiés.

Dieu nous a appelés et a fait de nous son peuple saint. Il nous aime et il a été miséricordieux envers nous. Par conséquent, nous devons faire preuve de miséricorde envers les autres. Nous devons être gentils, humbles, doux et patients. Nous ne devons pas nous mettre en colère les uns contre les autres, mais nous devons nous pardonner les uns les autres comme Dieu nous a pardonnés. Plus important encore, nous devons nous aimer les uns les autres (Colossiens 3:12-14). Le corps du Christ, l'Église, doit être comme sa tête en pureté, en sainteté et en amour.

7. En tant que Corps du Christ, l'Église annonce la Bonne Nouvelle

Paul dit que « l'Église est remplie de Christ » (Éphésiens 1:23). Christ est venu chercher et sauver les perdus. Il est venu servir et donner sa vie pour sauver de nombreuses personnes. Maintenant, sa mission est devenue notre mission.

Aujourd'hui, le Christ cherche et sauve les perdus par l'intermédiaire de son corps, l'Église. Il sauve les gens du pouvoir du mal. Par l'intermédiaire de l'Église, le Christ brise les liens qui retiennent les gens. Il reconstitue les vies brisées et annonce aux gens, riches comme pauvres, la Bonne Nouvelle de Dieu. Par l'intermédiaire de l'Église, le Christ apporte la guérison et le salut à de nombreuses personnes.

Paul écrit à l'Église de Rome : « Je dois servir tous les hommes, ceux qui ont part à la culture grecque comme ceux qui sont moins civilisés, les instruits comme les ignorants. C'est pourquoi je désire tant vous annoncer la Bonne Nouvelle là-bas, à Rome » (Romains 1:14-15).

Paul dit alors : « Je suis fier de la Bonne Nouvelle parce qu'elle est la puissance que Dieu utilise pour sauver toute personne qui croit, pour sauver d'abord les Juifs, et maintenant pour sauver les non-Juifs. La Bonne Nouvelle montre comment Dieu rend les gens justes devant lui-même » (Romains 1:16-17).

La Parole de Dieu est puissante. Le germe de vie se trouve dans la Bonne Nouvelle du Christ. Jésus a enseigné et prêché la Bonne Nouvelle alors qu'il vivait dans un corps physique. Maintenant, son corps spirituel, l'Église, enseigne et prêche également la Bonne Nouvelle. Par son peuple, le Christ continue à chercher et à sauver les perdus dans le monde.

8. Points à retenir :

1. *Jésus aimait les gens et se souciait d'eux*. Il recherchait les pauvres, les malades, les infirmes et les ruinés par le péché. Et il les a rendus à nouveau parfaits. Jésus aidait souvent les personnes que d'autres rejetaient. Il enseignait à des gens que d'autres détestaient, à des gens qui avaient été mis de côté. Il faisait ressortir le meilleur de chacun. Il traitait les gens avec gentillesse, douceur et respect. Il croyait que chaque être humain a une grande valeur et un grand potentiel ;
2. *L'Église aime les gens et prend soin d'eux*. Elle est le corps du Christ et le corps suit les directives de son chef. Les chrétiens ne doivent pas être orgueilleux. Nous ne devons pas penser que nous sommes meilleurs que les pauvres, les malades ou les gens ruinés par le péché. Au contraire, nous devons tendre la main à eux avec amour et bonté. Nous devons les servir et les sauver en leur annonçant la Bonne Nouvelle de Jésus-Christ. Nous devons aussi tendre la main aux gens de la classe moyenne, aux riches et aux puissants. Dieu aime tout le monde. « Dieu ne veut pas qu'aucun se perde. Il veut que tous se convertissent et cessent de pécher » (2 Pierre 3:9) ;
3. *Le Christ vit en nous*. L'apôtre Paul a dit : « Moi, mon vieil homme pécheur, j'ai été crucifié avec Christ. Ce n'est donc plus moi qui vis maintenant, c'est Christ qui vit en moi » (Galates 2:19). En tant que membres du corps spirituel du Christ, nous devenons semblables à lui. Sa pureté, sa sainteté, son caractère et sa mission deviennent nôtres. Le Christ est vivant et en bonne santé dans le monde d'aujourd'hui. Il vit, œuvre et enseigne à travers son corps, l'Église ;
4. *L'Église n'a qu'une seule tête*. Elle est composée d'êtres humains, mais elle n'a pas de chef humain. Le Christ est le seul chef de son corps spirituel, l'Église. « Dieu a mis toutes choses sous la puissance de Christ et l'a établi chef sur l'Église » (Éphésiens 1:22). « Christ est la tête [singulier] du corps de l'Église » (Colossiens 1:18 NIV).

Tout comme le corps humain reçoit ses directives de sa tête, l'Église reçoit ses directives du Christ. Lui seul a l'autorité de nous commander. Lui seul mérite notre confiance et notre loyauté totales. Nos yeux se tournent vers lui pour être guidés. Nos oreilles écoutent ses instructions. Notre esprit recherche sa sagesse. Nos pieds courent pour le servir et lui obéir. Il est notre tête – notre seule tête et aucun homme n'a le droit de revendiquer cet honneur.

IV. Le Corps du Christ (suite)

1. Le Corps du Christ

« Le Christ est la tête, et tout le corps dépend de lui. Toutes les parties du corps sont jointes et maintenues ensemble, chaque partie faisant son propre travail. Cela fait grandir tout le corps et le rend plus fort dans l'amour » (Éphésiens 4:15-16).

Qu'est-ce que cela signifie ? Cela signifie que l'Église dépend du Christ pour tout. Cela signifie que le Christ unit les membres de son corps et les maintient ensemble. Le Christ permet à chaque partie du corps de faire son propre travail. Au fur et à mesure que chaque membre travaille sous la direction du Christ, le corps devient plus grand, plus fort et plus semblable au Christ dans l'amour. Le Christ est la source de l'unité, de l'énergie, de la croissance, de la force et de l'amour de l'Église. Il est la source de tout.

2. Les disciples du Christ doivent s'aimer les uns les autres

Jésus dit à ses apôtres : « Je vous donne un commandement nouveau : aimez-vous les uns les autres. Vous devez vous aimer les uns les autres comme je vous ai aimés. Tous les hommes sauront que vous êtes mes disciples, si vous vous aimez les uns les autres » (Jean 13:34-35). Jésus donne à ses disciples un commandement, pas un choix. « Aimez-vous les uns les autres comme je vous ai aimés. » Quelle commande ! Le Christ nous a tellement aimés qu'il a sacrifié sa vie pour nous. C'est dire à quel point nous devons nous aimer les uns les autres. La vraie marque du christianisme est un cœur aimant.

3. Dieu est Amour.

L'amour est au cœur de la nature de Dieu. Jean a écrit : « Dieu est amour » (1 Jean 4:8). Jésus est exactement comme Dieu (Colossiens 1:15), et nous devenons comme Jésus (2 Corinthiens 3:18). Cela signifie que nous apprenons à aimer les autres avec l'amour de Dieu.

L'amour de Dieu n'est pas un amour doux et émotionnel qui change à chaque humeur. L'amour de Dieu est une bonne volonté active. Il veut toujours ce qu'il y a de mieux pour nous.

« L'amour est patient et bon. L'amour n'est pas jaloux, il ne se vante pas, il n'est pas orgueilleux. L'amour n'est pas grossier, il n'est pas égoïste et il ne peut pas être mis en colère facilement. L'amour ne se souvient pas des torts qui lui ont été faits. L'amour n'est pas heureux quand les autres font le mal, mais il est toujours heureux avec la vérité. L'amour n'abandonne jamais les gens. Elle ne cesse jamais de faire confiance, ne perd jamais l'espérance et ne s'abandonne jamais » (1 Corinthiens 13:4-8).

Les chrétiens qui s'aiment les uns les autres avec l'amour de Dieu sont patients et bons. Ils sont humbles, doux et lents à se mettre en colère. Ils ne se souviennent pas des mauvaises choses que les gens leur font, et ils se font toujours confiance. Ils sont tristes quand les autres sont vaincus par le mal, et ils sont heureux quand les autres font ce qui est juste et bon. Ils espèrent toujours le meilleur et sont prompts à croire le meilleur des autres. Leur amour ne finit jamais.

4. Les relations au sein du Corps du Christ

Dans l'Église, l'amour coule du Christ vers son corps et du corps retourne au Christ. L'amour circule également entre les membres. L'amour du Christ nous unit dans une unité parfaite (Colossiens 3:14). Par conséquent, chaque partie fait son propre travail, ce qui fait que tout le corps grandit et se construit dans l'amour. La haine, l'orgueil, l'impatience, la méchanceté, l'impolitesse, la colère incontrôlée, la calomnie, la violence et autres choses semblables n'ont pas leur place dans le corps du Christ.

5. Les membres du corps ont des fonctions différentes

L'apôtre Paul a comparé l'Église à un corps humain. Un corps humain a de nombreux membres, mais tous les membres travaillent ensemble. « Chacun de nous a un corps, et ce corps a plusieurs parties. Ces pièces ne font pas toutes la même chose. De la même manière, nous sommes plusieurs personnes, mais en Christ, nous sommes tous un seul corps. Nous sommes les parties de ce corps, et chaque partie appartient à toutes les autres » (Romains 12:4-5).

Les membres du corps humain font des choses différentes. Les yeux voient. Les oreilles entendent. Le nez sent mauvais. La bouche goûte et mâche les aliments. L'estomac le digère, et ainsi de suite. Chaque membre a sa propre fonction, et tous les membres travaillent ensemble comme un seul corps.

C'est ainsi que cela devrait être dans l'église. Les membres de l'église font des choses différentes, mais tous travaillent ensemble comme un seul corps. Les membres sont différents, mais ils ne sont pas indépendants. En tant que membres d'un même corps, ils appartiennent tous les uns aux autres.

6. Membres du Corps à Rome

Les membres de l'Église de Rome avaient sept dons différents. Paul a exhorté chaque membre à utiliser son don pour Dieu. Les membres qui avaient le don de prophétie ont été invités à parler au nom de Dieu et à dénoncer le mal. Ceux qui avaient le don de servir étaient encouragés à servir. Ceux qui avaient le don d'enseigner étaient mis au défi d'enseigner. D'autres ont été exhortés à utiliser leurs dons pour réconforter les gens, à donner généreusement pour aider les autres, à travailler dur en tant que leaders et à faire preuve de gentillesse avec joie (Romains 12:6-8). Chaque membre avait un travail particulier à accomplir. Tous les membres, ensemble, ont formé un corps fort, sain et en croissance à travers lequel le Christ a travaillé à Rome.

C'est la même chose dans l'Église aujourd'hui. Une congrégation est composée de personnes qui ont des dons et des talents différents. Lorsque tous les membres utilisent leurs dons pour servir les autres, Christ est à l'œuvre à travers eux, et toute l'église grandit et devient forte dans l'amour.

7. Tous les membres du corps sont importants.

Le corps de chaque personne comporte de nombreuses parties, et chaque partie est importante. Le pied ne dit pas : « Je ne suis pas une main, donc je n'appartiens pas au corps. » L'oreille ne dit pas : « Je ne suis pas un œil, donc je n'appartiens pas au corps. » « Si tout le corps était un œil, il ne serait pas capable d'entendre. Si tout le corps était une oreille, il ne pourrait rien sentir. Si chaque partie du corps était la même, il n'y aurait personne » (1 Corinthiens 12:15-19).

Les membres du corps humain sont importants les uns pour les autres. Si un membre ne fonctionne pas, tout notre corps en souffre. Dieu a mis les parties du corps comme il les voulait » (1 Corinthiens 12:19). Toutes les pièces ont besoin les unes des autres. « L'œil ne peut pas dire à la main : 'Je n'ai pas besoin de toi !' Et la tête ne peut pas dire au pied : « Je n'ai pas besoin de toi

! » Non! Les parties du corps qui semblent être plus faibles sont vraiment très importantes » (I Corinthiens 12:21-22).

Les nouveaux chrétiens peuvent se sentir sans importance. Ils regardent autour d'eux et ils voient des gens qui sont plus talentueux qu'eux, des gens qui ont plus d'éducation, plus d'expérience, plus d'amis et plus d'argent. Alors ils pensent qu'ils n'ont rien à offrir. Ils se tiennent en retrait dans l'ombre, se sentant inutiles.

Mais un nouveau membre est aussi important pour l'église qu'un nouveau bébé l'est pour une famille. Qu'est-ce qu'un nouveau bébé peut offrir à ses parents ? Il ne peut pas aider la mère à préparer les repas ou à nettoyer la maison. Il ne peut pas aider le père à gagner de l'argent et à acheter de la nourriture et des vêtements. Il ne peut rien faire d'autre que pleurer, manger et demander de l'attention.

Mais que pensent les parents du bébé ? Considèrent-ils cela inutile ? Non! Pour eux, le nouveau bébé est la personne la plus importante au monde. Le bébé apporte de la joie à la famille. Il apporte une nouvelle vie et un nouvel espoir pour l'avenir.

Il en va de même dans l'Église. Chaque nouveau membre est important pour la vie, la croissance, la santé, la force et l'avenir de l'église. « Les parties du corps qui semblent être plus faibles sont vraiment très importantes. »

8. Points à retenir

a) Nous dépendons du Christ pour tout. En tant que membres du corps du Christ, nous devons tous faire notre propre travail. La santé du corps en dépend. En même temps, nous sommes totalement dépendants du Christ. C'est l'œuvre du Christ que nous faisons. C'est sa puissance qui nous permet de servir Dieu et les autres. Nous nous donnons au Christ, et il agit à travers nous. En tant que parties de son corps, nous travaillons ensemble dans l'amour, et l'église devient plus grande et plus forte.

b) Le Christ n'a qu'un seul corps. Lorsque nous regardons autour de nous, nous voyons des centaines d'églises, chacune avec un nom différent. Certaines églises enseignent une chose, et d'autres une autre. C'est très déroutant. Nous demandons : « Laquelle de ces églises est la bonne église ? Lequel nous dit la vérité ? La seule façon de savoir si une église suit la vérité est de comparer ses enseignements avec les enseignements du Christ et de ses apôtres.

La nuit qui a précédé sa mort, Jésus a prié pour ses apôtres et pour l'Église. Il a dit : « Je prie non seulement pour ces disciples, mais aussi pour ceux qui croiront en moi à cause de leur enseignement. Père, je prie pour que tous ceux qui croient en moi puissent être un. Tu es en moi, et je suis en toi. Je prie pour qu'ils soient aussi un en nous. Alors le monde croira que tu m'as envoyé » (Jean 17:20-21). Jésus ne veut pas que ses disciples soient divisés. La division dans l'Église détruit la foi. L'unité encourage les gens à croire en Jésus-Christ en tant que Fils de Dieu.
Jésus a également prié : « Père, prépare-les à ton service par ta vérité. Ton enseignement est vérité » (Jean 17:17). Comment les disciples de Jésus peuvent-ils être unis ? Nous pouvons être unis en suivant la parole de Dieu. Tant que les gens refuseront de suivre la volonté de Dieu, il y aura des divisions dans le monde religieux.

c) Chaque membre de l'Église est important. Si nous regardons autour de nous, nous pouvons toujours trouver des gens qui sont plus talentueux que nous. Ils peuvent enseigner plus efficacement, chanter plus joliment et prier avec plus d'éloquence que nous. Certains sont plus beaux, et d'autres sont plus intelligents. Alors nous pensons que nous ne sommes pas bons. Nous nous sentons inutiles et sans importance.

Avez-vous déjà ressenti cela ? Si c'est le cas, rappelez-vous que Christ vous aime tel que vous êtes. Pour lui, vous êtes très spécial. Il sait exactement ce que vous pouvez et ne pouvez pas faire. Il sait où il peut vous intégrer dans son église.

Donnez-vous à Dieu comme un sacrifice vivant (Romains 12:1). Laissez-le vous modeler et vous faire selon sa volonté. Laissez-le vous utiliser pour accomplir ses desseins. En devenant de plus en plus semblable à Jésus, vous vous sentirez bien dans votre peau. Un jour, vous vous réveillerez et réaliserez que vous avez changé, et vous serez étonné de ce que le Christ fait à travers vous.

Vous êtes important pour Dieu, pour Christ et pour l'Église. Vous êtes spécial.

V.   Le Temple du Saint-Esprit

1. Le Temple du Saint-Esprit

Dieu avait un temple à Corinthe, mais ce n'était pas un bâtiment en pierre. C'était une maison spirituelle faite de personnes. Paul dit à l'église de Corinthe : « Sachez que vous êtes le temple de Dieu. L'Esprit de Dieu habite en vous [pronom pluriel]… Le temple de Dieu est saint. Vous êtes le temple de Dieu » (1 Corinthiens 3:16-17).

Paul dit alors : « Sachez que votre corps [nom singulier] est le temple du Saint-Esprit que vous avez reçu de Dieu et qui habite en vous » (1 Corinthiens 6:19).

Le Saint-Esprit vit dans l'Église dans son ensemble ; et le Saint-Esprit vit dans le corps de chaque membre de l'Église.

2. Jésus promet d'envoyer le Saint-Esprit.

Jésus a promis à ses apôtres que Dieu leur enverrait le Saint-Esprit. Il a dit : « Le Consolateur vous enseignera toutes choses, et vous rappellera tout ce que je vous ai dit. Ce Consolateur, c'est l'Esprit Saint que le Père enverra en mon nom » (Jean 14:26).

Jésus avait enseigné ses apôtres pendant trois ans. Il allait maintenant les quitter, mais il ne les laisserait pas seuls. Dieu allait leur envoyer le Saint-Esprit pour les aider. Le Saint-Esprit leur rappellerait tout ce que Jésus leur avait enseigné. Par conséquent, leurs enseignements seraient les enseignements mêmes de Jésus.

Jésus leur dit encore : « Quand le consolateur viendra, l'Esprit de vérité, il vous conduira dans toute la vérité. Il ne dira pas ses propres paroles, mais ce qu'il a entendu, il le dira. » (Jean 16:13)

Dieu dirait au Saint-Esprit ce qu'il devait dire, et l'Esprit conduirait les apôtres dans « toute la vérité ». Il guiderait leurs pensées et les aiderait à prononcer et à écrire les paroles mêmes de Dieu.

3. Le Saint-Esprit vient aux apôtres.

Le jour de la Pentecôte, le Saint-Esprit descendit sur les apôtres comme Jésus l'avait promis. « Ils furent tous remplis du Saint-Esprit, et ils se mirent à parler en différentes langues. Le Saint-Esprit leur donnait le pouvoir de le faire » (Actes 2:4).

Par la puissance de l'Esprit, Pierre se leva avec les autres apôtres et parla au peuple qui s'était rassemblé dans le temple. Environ 3000 personnes crurent au message de Pierre et furent baptisées. C'est ainsi que, par la puissance de l'Esprit, l'Église fut établie à Jérusalem.

4. L'Église de Jérusalem grandit.

L'Église de Jérusalem a connu une croissance rapide. Elle est passée de 3 000 membres à 5 000 hommes en très peu de temps (Actes 2:41 ; 4:4). Puis, des multitudes de croyants se sont ajoutés, hommes et femmes (Actes 5:14 ; 6:1).

L'Église de Jérusalem était devenue si grande que les apôtres n'étaient pas en mesure de subvenir aux besoins de tous. Un jour, des Juifs parlant grec se plaignirent que leurs veuves ne recevaient pas leur part des choses qui étaient données chaque jour aux croyants nécessiteux. Les apôtres réunirent l'Église et dirent : « Choisissez parmi vos fidèles sept hommes qui aient une bonne réputation. Ils seront remplis de sagesse et d'Esprit. Nous leur confierons cette tâche » (Actes 6:3-4).

5. Les apôtres imposent les mains à sept hommes.

L'Église choisit alors sept hommes et les amena devant les apôtres. « Ils les présentèrent aux apôtres, qui prièrent et leur imposèrent les mains » (Actes 6:6).

Ce fut un tournant dans l'histoire de l'Église. Auparavant, seuls les apôtres pouvaient accomplir des miracles ou transmettre la Parole de Dieu sous la conduite de l'Esprit. Désormais, d'autres recevaient des pouvoirs spéciaux du Saint-Esprit. Deux des sept, Étienne et Philippe, devinrent de puissants prédicateurs.

6. Étienne à Jérusalem

Dieu donna à Étienne « le pouvoir de faire de grands prodiges et des signes miraculeux parmi le peuple » (Actes 6:8). Certains n'aimèrent pas ce qu'Étienne disait. Un groupe de chefs juifs vint discuter avec lui. « Mais l'Esprit lui donnait la sagesse de parler avec force, et les Juifs ne pouvaient pas discuter avec lui » (Actes 6:8).

Les chefs juifs ne parvinrent pas à vaincre Étienne, et le poursuivirent devant la Cour suprême juive. Ils décidèrent alors de le tuer. Ils lui jetèrent de grosses pierres jusqu'à ce qu'il meure. Étienne fut le premier chrétien de l'histoire à mourir pour sa foi. Alors qu'il était en train de mourir, il leva les yeux et pria : « Seigneur, ne les blâme pas pour ce péché ! » (Actes 7:60).

Après la mort d'Etienne, « Philippe se rendit dans la ville de Samarie et y parla du Christ. Les habitants de la ville entendirent Philippe et virent les prodiges qu'il accomplissait » (Actes 8:5-6). Lorsque les gens entendirent la Bonne Nouvelle du Christ, beaucoup d'hommes et de femmes crurent en Philippe et furent baptisés (Actes 8:12).

Philippe avait le pouvoir de faire des miracles et de proclamer la Parole de Dieu. Il avait reçu ce pouvoir lorsque les apôtres avaient prié et imposé les mains sur lui. Mais Philippe ne pouvait pas transmettre ce pouvoir à d'autres. Il ne pouvait pas prier et imposer les mains aux nouveaux chrétiens de Samarie et leur donner la capacité de faire des miracles et de prophétiser. Seul un apôtre pouvait faire cela.

Lorsque les apôtres de Jérusalem apprirent que les Samaritains avaient accepté la Parole de Dieu, ils envoyèrent Pierre et Jean en Samarie. Là, les deux apôtres prièrent et imposèrent les mains aux nouveaux chrétiens. Aussitôt, les gens reçurent la puissance de l'Esprit et firent des choses merveilleuses et étonnantes (Actes 8:14-18).

7. Paul à Éphèse

Plus tard, l'apôtre Paul se rendit à Éphèse et baptisa douze hommes au nom du Seigneur Jésus. Après les avoir baptisés, il « leur imposa les mains, et le Saint-Esprit descendit sur eux. Ils parlaient en différentes langues et prophétisaient » (Actes 19:5-6).

Le Saint-Esprit a œuvré par l'intermédiaire des apôtres pour produire des prophètes et des enseignants dans l'Église primitive. Ces prophètes et enseignants recevaient leurs messages directement de Dieu.

8. Les dons de l'Esprit à Corinthe

Partout où les apôtres allaient, ils prêchaient la Parole de Dieu et baptisaient les croyants en Christ. Ils priaient aussi et imposaient les mains aux nouveaux chrétiens pour leur donner des dons spéciaux de l'Esprit.

Rappelons-nous que le Nouveau Testament n'a été écrit que dans la seconde moitié du premier siècle. Les membres de l'Église primitive ne pouvaient pas prendre une Bible et la lire comme nous le faisons. Ils ne pouvaient pas étudier les enseignements de Jésus et les partager avec d'autres. Chaque chrétien dépendait totalement de l'enseignement des apôtres et de ceux qui étaient inspirés par le Saint-Esprit.

Par exemple, l'Église de Corinthe a été fondée par l'apôtre Paul (Actes 18:1-11), et chaque personne dans l'Église a reçu un don spécial du Saint-Esprit (1 Corinthiens 12:7). L'Esprit a donné à une personne la capacité de « parler avec sagesse » et à une autre la capacité de « parler avec connaissance ». Le même Esprit a donné la « foi » à une personne et les « dons de guérison » à une autre. L'Esprit a donné à une autre personne le « pouvoir de faire des miracles », à une autre la « capacité de prophétiser » et à une autre encore « la capacité de connaître la différence entre les bons et les mauvais esprits ». L'Esprit a donné à une personne la capacité de « parler en différentes langues » et à une autre la capacité « d'interpréter ces langues » (1 Corinthiens 12:8-10).

Les apôtres priaient et imposaient les mains aux hommes, mais l'Esprit décidait quel don chacun recevrait (1 Corinthiens 12:11). De cette façon, l'Esprit donnait à chaque chrétien la capacité d'aider les autres (1 Corinthiens 12:7). Ainsi, chacun pouvait suivre l'exemple de Jésus, qui est venu servir les autres et donner sa vie pour les autres.

9. Aucun dirigeant d'église inspiré aujourd'hui

Les apôtres étaient des hommes qui avaient vu Jésus après sa résurrection (Actes 1:21-22). Ils pouvaient dire : « J'étais avec Jésus après sa sortie du tombeau. Je l'ai vu de mes propres yeux. J'ai entendu sa voix. Il est vivant ! »

Il n'y a eu qu'une seule génération d'apôtres. Après leur mort, personne n'a pu transmettre de dons spirituels à d'autres. Ainsi, les dons miraculeux de l'Esprit ont cessé peu après la mort de l'apôtre Jean.

Il semble que Dieu n'ait pas prévu que les dons miraculeux soient une partie permanente de l'Église. Le but des miracles était de prouver aux gens que la Bonne Nouvelle était la vérité de Dieu (Marc 16:20). Le but du don de prophétie était de répandre la vérité de Dieu de bouche à oreille pendant la rédaction du Nouveau Testament. Une fois la Bible achevée, ces dons spirituels ont disparu.

Paul a dit que les dons de prophétie, de langues et de connaissance inspirée étaient temporaires. « Ces choses auront une fin, parce que la connaissance et les prophéties que nous avons ne sont pas parfaites. Mais lorsque la perfection sera venue, ce qui n'est pas parfait aura une fin » (1 Corinthiens 13:8-10).

Lorsque la révélation de Dieu fut complète, lorsque le Saint-Esprit conduisit les apôtres dans toute la vérité, lorsque l'Église naissante grandit jusqu'à la maturité, alors les dons de l'Esprit prirent fin.

Conclusions

1. *Les apôtres reçurent des pouvoirs spéciaux du Saint-Esprit.* Ils parlaient des langues qu'ils n'avaient jamais étudiées. Ils prêchaient des vérités qu'ils n'avaient jamais apprises. Ils étaient également capables de transmettre des dons miraculeux de l'Esprit à d'autres. De cette manière, la vérité de Dieu était enseignée et chaque membre de l'Église pouvait participer à l'œuvre de Christ. Ces dons spirituels continuèrent dans l'Église jusqu'à la rédaction du Nouveau Testament. Puis, ayant rempli leur rôle, ils cessèrent.
2. *Dieu peut faire des miracles aujourd'hui, mais les êtres humains ne le peuvent pas.* Les « miracles » accomplis par les prédicateurs aujourd'hui ne sont pas les mêmes que ceux accomplis à l'époque du Nouveau Testament. Et les « langues » parlées aujourd'hui ne sont pas de véritables langues comme celles parlées le jour de la Pentecôte. Mais Dieu répond toujours aux prières. Il peut guérir les malades, nourrir les affamés, vêtir les nus et donner du travail aux chômeurs. Il peut délivrer son peuple de la tentation. Dieu peut faire tout ce qu'il veut et il veut répondre à nos prières (Jean 15:16 ; 1 Jean 5:14). Dieu est vivant ! Et il est puissant. Tout est possible à Dieu.

VI.   Le Temple du Saint-Esprit (Suite)
1. Temple du Saint-Esprit (Suite)

Les dons miraculeux de l'Esprit ont cessé, mais le Saint-Esprit vit et œuvre toujours dans l'Église aujourd'hui.

Le jour de la Pentecôte, Pierre a promis que les croyants repentants et baptisés « recevraient le don du Saint-Esprit » (Actes 2:38). Puis il a dit : « Cette promesse est pour vous, pour vos enfants, et pour ceux qui sont au loin, pour tous ceux que le Seigneur notre Dieu appellera à lui » (Actes 2:39).

Cette promesse ne s'adressait pas seulement à ces personnes. Elle s'adressait aussi à leurs enfants et aux enfants de leurs enfants. Elle s'adressait aux habitants de Jérusalem et aux habitants de loin. Elle s'adressait à tous, en tout lieu et à tous les âges, à tous ceux que le Seigneur notre Dieu appelle à lui. Tous ceux qui changent de cœur et de vie et qui sont baptisés en Christ reçoivent le Saint-Esprit comme un don.

2. Dieu donne l'Esprit à tous ceux qui lui obéissent.

L'Église de Jérusalem devint si populaire que le grand prêtre juif et ses amis devinrent jaloux. Ils arrêtèrent donc les apôtres et les jetèrent en prison. Le grand prêtre dit aux apôtres : « Nous vous avions dit de ne plus jamais enseigner comme cet homme. Mais voyez ce que vous avez fait ! Vous avez rempli Jérusalem de votre enseignement » (Actes 5:28).

Pierre répondit : « C'est à Dieu plutôt qu'à vous qu'il faut obéir. Vous avez tué Jésus, vous l'avez crucifié, mais Dieu… a ressuscité Jésus d'entre les morts !… Nous [les apôtres] avons vu ces choses arriver, et nous pouvons dire qu'elles sont vraies. Le Saint-Esprit montre aussi que ces choses sont vraies. Dieu a donné l'Esprit à tous ceux qui lui obéissent » (Actes 5:29-32).

3. L'Esprit vit dans tous les chrétiens.

Tous les vrais chrétiens ont l'Esprit qui vit en eux. L'apôtre Paul a dit : « Vous ne vous laissez pas dominer par vos propres péchés, mais par l'Esprit, si l'Esprit de Dieu habite en vous. Mais celui qui n'a pas l'Esprit de Christ n'appartient pas à Christ » (Romains 8:9). C'est un langage fort. Soit nous avons le Saint-Esprit qui vit en nous, soit nous n'appartenons pas à Christ. Les chrétiens sont des personnes qui ont le Saint-Esprit qui vit en eux.

4. L'Esprit nous donne la force spirituelle.

Le Saint-Esprit nous donne la force spirituelle et morale pour vivre la vie chrétienne. Paul dit aux Éphésiens : « Je prie le Père de vous donner la force d'être forts dans votre esprit. Il vous donnera cette force par son Esprit » (Éphésiens 3:16).

Si nous dépendons de notre propre force, nous menons une bataille perdue contre les forces du mal. Peu importe nos efforts, nous ne sommes pas capables de vaincre Satan. Mais Dieu nous donne son Esprit et, par l'Esprit, Dieu nous donne la force intérieure de dire « Non ! » à Satan. « Par la puissance de Dieu agissant en nous, il peut faire infiniment au-delà de tout ce que nous demandons ou pensons. » (Éphésiens 3:20)

Même après être devenus chrétiens, nous péchons souvent et avons besoin de pardon. Mais Dieu est toujours prêt à nous pardonner lorsque nous nous repentons. La repentance est un changement de cœur qui conduit à un changement de vie. Par la parole de Dieu, l'Esprit nous dit ce qui est juste. Il nous exhorte à suivre ses enseignements.

Chaque nouveau chrétien devient une nouvelle personne. Paul dit : « Soyez l'homme nouveau qui a été fait semblable à Dieu, qui est vraiment bon et qui lui est agréable » (Éphésiens 4:24). Par la puissance de l'Esprit, nous sommes transformés à l'image de Jésus-Christ, et cela nous apporte « de plus en plus de gloire » (2 Corinthiens 3:18). Ce changement ne se produit pas soudainement. C'est un processus lent. Il nécessite toute une vie de croissance.

Que signifie devenir comme Jésus-Christ ? Cela signifie que nous ne mentons pas. Nous disons la vérité. Lorsque nous nous mettons en colère, nous ne laissons pas cette colère nous faire pécher. Au contraire, notre colère se calme rapidement. Devenir comme Christ signifie que nous ne volons pas. Au contraire, nous travaillons dur pour pouvoir subvenir aux besoins de nos familles et avoir quelque chose à partager avec les pauvres. Lorsque nous parlons, nous ne disons pas de mauvaises choses qui blessent les gens. Au contraire, nous disons des choses qui aident les autres à devenir plus forts et meilleurs. Être comme Christ signifie que nous sommes bons et aimants et que nous sommes prompts à nous pardonner les uns les autres comme Dieu nous a pardonné. Cela signifie que nous cessons d'agir comme le diable et commençons à agir comme Dieu (Éphésiens 4:25-32 ; 5:1). De tels changements sont possibles avec l'aide de Dieu.

5. Un choix entre la vie et la mort

Certaines personnes refusent de laisser l'Esprit de Dieu agir en elles. Elles ne veulent pas cesser de faire de mauvaises choses. Elles ne veulent pas ressembler à Christ, alors elles résistent à l'Esprit et se détournent de son enseignement (Actes 7:51). Elles éteignent l'Esprit comme on verse de l'eau sur un feu (1 Thessaloniciens 5:19). Cela rend l'Esprit triste (Éphésiens 4:30) et affaiblit l'Église.

D'autres, en revanche, obéissent à Dieu et laissent l'Esprit vivre et agir en eux. Et le Saint-Esprit porte de beaux fruits dans leur vie.

Dans sa lettre aux Galates, Paul écrit : « Marchez selon la conduite de l'Esprit, et ne faites pas le mal que votre moi pécheur désire » (Galates 5:16). Notre moi pécheur désire commettre des péchés sexuels et adorer de faux dieux tels que l'argent, le pouvoir et la célébrité. Il déteste les gens et veut les mettre en colère les uns contre les autres. Il provoque des divisions. Il est jaloux, colérique et égoïste. Il est envieux. Il veut s'enivrer et faire des fêtes sauvages et inutiles. Paul prévient : « Ceux qui font ces choses n'auront pas de part au royaume de Dieu » (Galates 5:19-21).

Mais lorsque nous suivons l'Esprit, des fruits spirituels se produisent dans nos vies : « amour, joie, paix, patience, bonté, bénignité, fidélité, douceur, maîtrise de soi » (Galates 5:22-23). Nous abandonnons les mauvaises choses et nous recevons une nouvelle vie grâce à l'Esprit (Galates 5:24-25).

Nous devons choisir entre la vie et la mort. Paul dit : « Si vous vous livrez à vos désirs pécheurs, vous mourrez spirituellement. Mais si vous cessez de faire le mal avec votre corps, avec l' *aide de l'Esprit*, vous aurez la vraie vie » (Romains 8:13). « Les vrais enfants de Dieu sont ceux qui se laissent conduire par l'Esprit de Dieu » (Romains 8:14).

6. L'Esprit nous aide à adorer Dieu.

Dans sa lettre aux Galates, Paul écrit : « Puisque vous êtes enfants de Dieu, il a envoyé dans vos cœurs l'Esprit de son Fils, qui crie : Abba ! Père ! » (Galates 4:6). Remarquez que c'est l'Esprit qui crie. Le Saint-Esprit est une personne divine qui vit et œuvre en nous. « Et l'Esprit lui-même parle à notre esprit et nous fait reconnaître comme enfants de Dieu » (Romains 8:16).

Paul continue : « Nous sommes faibles, mais l'Esprit nous aide dans notre faiblesse. Nous ne savons pas prier comme il faut, mais l'Esprit lui-même parle à Dieu pour nous, il implore Dieu pour nous, lui parlant avec des sentiments inexprimables » (Romains 8:26).

Souvent, nous ne savons pas pour quoi prier. Nous ne savons pas ce que l'avenir nous réserve. Nous ne savons pas ce qui est le mieux pour nous, alors nous demandons souvent les mauvaises choses. Mais l'Esprit connaît l'avenir et il sait ce qui est le mieux pour nous. C'est pourquoi il soupire pour nous et exprime nos sentiments les plus profonds au Père. Par conséquent, toutes choses concourent au bien dans la vie d'un chrétien (Romains 8:28).

7. Le Saint-Esprit agit par la Parole.

L'œuvre du Saint-Esprit commence avant même qu'une personne soit baptisée en Christ. Le Saint-Esprit commence à travailler dans le cœur d'une personne lorsque cette dernière entend ou lit la Parole de Dieu et l'accepte comme vérité.

Le jour de la Pentecôte, le Saint-Esprit a œuvré dans le cœur de 3 000 personnes par la prédication de Pierre. Matthieu, Marc, Luc, Jean, Paul, Pierre, Jacques et Jude ont été guidés par le Saint-Esprit alors qu'ils écrivaient le Nouveau Testament. L'Esprit agit et agit encore aujourd'hui chaque fois que la Parole de Dieu est prêchée.

La Parole de Dieu est « l'épée de l'Esprit » (Éphésiens 6:17). La Bible est l'instrument utilisé par l'Esprit pour changer le cœur et la vie des gens. Par la Parole, l'Esprit montre aux gens « combien ils sont dans l'erreur au sujet du péché, de leur justice devant Dieu et du jugement » à venir (Jean 16:8).

Jésus dit à Nicodème : « Il faut que tout homme naisse d'eau et d'Esprit » (Jean 3.3, 5). L'Esprit, agissant par la Parole, conduit une personne réceptive à la foi, à la repentance et au baptême (1 Corinthiens 12.13). Nous naissons de nouveau par le message vivant de Dieu, la Parole de Dieu, qui vit pour toujours (1 Pierre 1.23, 25). Lorsqu'une personne entend la Bonne Nouvelle, y croit, change son cœur et sa vie et est baptisée, cette personne naît de nouveau d'eau et d'Esprit.

Chaque fois que la Parole de Dieu est prêchée ou enseignée aujourd'hui, le Saint-Esprit continue son œuvre pour amener les gens à Christ.

8. Les vérités que nous avons apprises de cette leçon

1. *L'Esprit nous donne une force intérieure*. Le Saint-Esprit est un être divin qui vit en nous et qui nous donne la force spirituelle pour vaincre le péché. Par nous-mêmes, nous n'avons pas la force morale de résister à la tentation. Nous avons besoin d'aide et nous recevons l'aide du Saint-Esprit. Avec la puissance de Dieu qui agit en nous, Dieu est capable de faire plus que nous ne pouvons l'imaginer. Il est capable de nous transformer à l'image de son Fils, Jésus-Christ.
2. *L'Esprit produit de beaux fruits dans nos vies*. Lorsque nous suivons la direction de l'Esprit, nous décidons d'arrêter de faire de mauvaises choses. Avec l'aide de l'Esprit, nous nous détournons du mal pour faire le bien. Le fruit de l'Esprit est l'amour, la joie, la paix, la patience, la bonté, la bienveillance, la fidélité, la douceur et la maîtrise de soi. Avec l'aide de l'Esprit, nous sommes transformés à l'image de Christ.
3. *L'Esprit agit par la Parole de Dieu* . Jésus dit que l'Esprit est comme un vent qui souffle à travers les arbres (Jean 3:8). Nous pouvons voir les arbres se balancer, mais nous ne pouvons pas voir le vent. Il en est de même avec l'Esprit dans l'Église. Nous ne pouvons pas voir l'Esprit, mais nous voyons les changements dans la vie des chrétiens lorsque l'Esprit travaille en eux.

L'Esprit agit par la Parole de Dieu. Des choses merveilleuses et étonnantes se produisent lorsque les Écritures sont lues à des oreilles attentives. Lorsque la Parole vivante est lue, ceux qui écoutent deviennent vivants car ils sont amenés dans la présence même de Dieu. L'Église est le temple de Dieu et la demeure du Saint-Esprit

VII.   Une communauté d'adoration

1. Une communauté d'adorateurs

Un jour, Jésus était assis près du puits de Jacob lorsqu'une femme samaritaine lui dit : « Seigneur, je vois que tu es un prophète. Nos pères ont adoré sur cette montagne [le mont Garizim], mais vous, vous dites que c'est à Jérusalem que doit être adoré » (Jean 4:19-20).

Jésus répondit : « Le temps vient où vous n'aurez plus besoin d'être à Jérusalem ou sur cette montagne pour adorer le Père (Dieu) » (Jean 4:21). « Le temps vient où les vrais adorateurs adoreront le Père en esprit et en vérité. En fait, ce temps est déjà arrivé. Et c'est à ces personnes que le Père veut voir ses adorateurs. Dieu est esprit. Il faut donc que ceux qui l'adorent l'adorent en esprit et en vérité » (Jean 4:23-24).

Dieu est partout. C'est pourquoi nous n'avons pas besoin d'être sur une montagne particulière pour l'adorer. Peu importe où nous sommes. Nous pouvons l'adorer n'importe où et à tout moment. Nous pouvons l'adorer au sommet d'une montagne ou dans une vallée, dans une église ou dans notre maison.

L'important est que nous l'adorions « en esprit et en vérité ». C'est-à-dire que nous devons l'adorer avec nos émotions les plus profondes. Nous devons vraiment l'adorer avec notre cœur. Nous devons l'adorer selon la vérité de sa Parole. Nous devons adorer Dieu selon ses instructions.

Abel a offert à Dieu un meilleur sacrifice que Caïn parce qu'il avait la foi. Il a adoré Dieu avec la bonne attitude. Il avait du respect pour Dieu et il a offert le genre de sacrifice que Dieu voulait. Dieu était satisfait des choses qu'Abel a offertes. Mais Caïn a adoré avec une mauvaise attitude. Il était plus préoccupé par ce qu'il voulait que par ce que Dieu voulait. Dieu n'a pas accepté l'adoration de Caïn (Hébreux 11:4).

Aujourd'hui encore, Dieu veut que les gens l'adorent avec la bonne attitude. Nous devons l'adorer avec amour, révérence et respect. Nous devons nous préoccuper de ce que Dieu veut, et non de ce que nous voulons. Le but de notre adoration n'est pas de nous faire plaisir, mais de plaire à Dieu.

2. Le culte dans l'Église primitive

Le jour de la Pentecôte, environ 3 000 personnes crurent à la parole de Pierre, changèrent leur cœur et leur vie et furent baptisées. Dieu les ajouta à l'Église et ils commencèrent à se réunir. « Ils écoutaient l'enseignement des apôtres, partageaient tout entre eux, mangeaient ensemble et priaient ensemble » (Actes 2:42).

Les apôtres guérissaient les malades et accomplissaient de nombreuses actions puissantes. Les gens éprouvaient un grand respect pour Dieu. Ils se réunissaient tous les jours au temple. Là, ils écoutaient les enseignements des apôtres et adoraient Dieu ensemble. L'Église primitive était une communauté d'adoration.

3. Les apôtres enseignent à l'Église comment adorer.

Comme nous l'avons remarqué, les apôtres étaient guidés par le Saint-Esprit. L'Esprit les a conduits « dans toute la vérité » (Jean 16:13). L'Église primitive pratiquait son culte comme elle le faisait parce que les apôtres inspirés lui avaient appris comment le faire.

4. Les apôtres prient pour le courage.

Un soir, Pierre et Jean furent arrêtés par la police du temple et jetés en prison. Leur prédication avait contrarié les chefs juifs.

Le lendemain matin, Pierre et Jean furent sortis de prison et traduits devant le tribunal juif. Le grand prêtre et d'autres hommes influents étaient présents pour le procès. Les autorités essayèrent de trouver quelque chose qui n'allait pas chez Pierre et Jean, mais elles n'y parvinrent pas. Elles ordonnèrent donc à Pierre et à Jean de ne plus parler ni d'enseigner au sujet de Jésus. Puis elles les laissèrent partir.

Que firent Pierre et Jean ? Ils se rendirent directement à l'église et prièrent ensemble. Ils dirent : « Seigneur, écoute ce qu'ils [c'est-à-dire les chefs juifs] disent. Ils cherchent à nous faire peur ! Nous sommes tes serviteurs. Aide-nous à dire sans crainte ce que tu veux que nous disions. Aide-nous à être courageux en nous montrant ta puissance » (Actes 4:29-30).

Pendant qu'ils priaient, la maison commença à trembler. Elle tremblait comme un tremblement de terre. « Ils furent tous remplis du Saint-Esprit, et ils annonçaient la parole de Dieu sans crainte » (Actes 4:31). Dieu répondit à leur prière et leur donna le courage de dire la vérité avec assurance.

5. La réunion de prière qui a ouvert une prison

Plus tard, le roi Hérode fit arrêter Pierre et le jeta en prison. Hérode avait l'intention de le tuer pour plaire aux Juifs, mais l'Église pria pour lui jour et nuit.

Pendant la nuit, un ange du Seigneur apparut dans la prison. L'ange toucha Pierre et le réveilla. Les chaînes tombèrent des poignets de Pierre. L'ange prit Pierre par la main, le fit sortir de la prison et le laissa dans la rue.

Quand Pierre comprit ce qui était arrivé, il se rendit à la maison de Marie. Il y trouva beaucoup de croyants réunis en prière. Dieu avait entendu leurs prières et avait sauvé la vie de Pierre. Leurs prières avaient ouvert la prison. La prière a une grande puissance (Actes 12:1-19).

6. Autres exemples de prière

L'Église d'Antioche a envoyé Barnabas et Saul pour leur premier voyage missionnaire. Mais avant le départ des deux hommes, l'Église « jeûna et pria » (Actes 13:3). L'Église d'Antioche était une église de prière.

Au cours de sa troisième tournée missionnaire, Paul a rencontré les anciens d'Éphèse. Après leur avoir dit au revoir, il s'est mis à genoux et « ils prièrent tous ensemble » (Actes 20:36). Les anciens d'Éphèse étaient des hommes de prière.

Paul s'embarqua ensuite pour Tyr et rendit visite aux croyants de cette ville. Ensuite, les disciples de Christ accompagnèrent Paul jusqu'au navire, et ils « s'agenouillèrent tous sur le rivage et prièrent » (Actes 21:5).

Les Écritures disent : « Ne vous inquiétez de rien, mais priez et demandez à Dieu tout ce dont vous avez besoin, rendant toujours grâces pour ce que vous avez. Et parce que vous êtes en Jésus-Christ, la paix de Dieu veillera sur toutes vos pensées et sur tous vos sentiments » (Philippiens 4:6-7). L'Esprit dit encore : « Ne cessez jamais de prier. Quoi qu'il arrive, soyez toujours reconnaissants » (1 Thessaloniciens 5:16-17).

Jésus et les apôtres étaient des hommes de prière. L'Église primitive était une église de prière. Nous aussi, nous recevons la puissance de Dieu par la prière.

7. Chanter des louanges à Dieu

La nuit précédant sa mort, Jésus et ses apôtres « chantèrent un cantique, puis se rendirent au mont des Oliviers » (Matthieu 26:30). Même à l'ombre de la croix, Jésus chanta des louanges à son Père.

A Philippes, Paul et Silas furent battus de verges et jetés en prison. Le geôlier les enferma dans la prison et leur attacha les pieds entre deux gros morceaux de bois. Mais, « vers le milieu de la nuit, Paul et Silas priaient et chantaient des cantiques à Dieu » (Actes 16:25).

Les Écritures disent : « Encouragez-vous les uns les autres par des psaumes, des hymnes et des cantiques spirituels. Chantez et célébrez le

Seigneur de tout votre cœur. » (Éphésiens 5:19). Nous ne connaissons pas la différence entre les psaumes, les hymnes et les chants spirituels. Il est possible que les « psaumes » soient des poèmes de l'Ancien Testament mis en musique, que les « hymnes » soient des louanges chantées à Dieu et que les « chants spirituels » soient des chants chantés par les croyants pour s'encourager et s'inspirer les uns les autres.

L'Esprit dit encore : « Chantez à Dieu de tout votre cœur, sous la conduite de l'Esprit, par des psaumes, des hymnes, et des cantiques spirituels » (Colossiens 3:16).

Lorsque nous nous rassemblons pour le culte, nous recevons de la force les uns des autres. La foi d'une personne suscite la foi d'une autre personne. La foi naît au sein de la communauté, la foi grandit au sein de la communauté et la foi se transmet au sein de la communauté. Sans la communion de l'Église, notre foi s'affaiblirait et se refroidirait, comme une braise qui perd sa chaleur lorsqu'elle est retirée du feu. Dans la communion, nous nous apportons mutuellement chaleur, force et encouragement.

8. Aucun instrument de musique dans l'Église primitive

Les historiens de l'Église s'accordent à dire que les instruments de musique n'étaient pas utilisés dans l'Église du Nouveau Testament. À l'époque du Nouveau Testament, l'Église chantait sans l'aide de harpes, de lyres, de flûtes ou d'autres instruments de musique. Pendant des centaines d'années, la voix humaine était le seul instrument utilisé dans le culte chrétien.

Personne ne sait avec certitude pourquoi Dieu n'a pas inclus la musique instrumentale dans le culte de l'Église. Nous savons seulement que tous les dirigeants de l'Église qui ont écrit sur les instruments de musique au cours des 300 premières années de l'histoire de l'Église se sont prononcés contre eux. Peut-être que Dieu a exclu les instruments du culte parce qu'il voulait que nous communiquions clairement avec lui et entre nous. Un instrument de musique étouffe souvent le message du chant.

Dieu avait ses propres raisons pour exclure les instruments de musique du culte de l'église. Peu importe ses raisons. Nous sommes ses serviteurs, et un serviteur ne demande pas au Maître pourquoi il fait telle ou telle chose. Un serviteur obéit simplement au Maître et essaie de lui plaire.

Dieu a dit au Saint-Esprit ce qu'il devait dire aux apôtres. Puis, le Saint-Esprit a conduit les apôtres « dans toute la vérité » (Jean 16:13).

Autrement dit, le Saint-Esprit a dit aux apôtres ce qu'ils devaient enseigner. Puisque les premiers chrétiens célébraient leur culte sans instruments de musique, les apôtres ont dû leur apprendre à chanter a cappella (dans le style d'une chapelle, sans instruments). C'est une raison suffisante pour chanter sans instruments de musique aujourd'hui. Comme Abel, notre plus grand désir est de plaire à Dieu et de lui offrir des dons qui lui plaisent.

9. Points à retenir dans cette leçon

1. *On peut adorer Dieu n'importe où* . Nous n'avons pas besoin d'aller au mont Garizim, au mont Moriah ou sur n'importe quelle autre montagne pour adorer Dieu. Nous n'avons pas besoin d'être dans un temple, une cathédrale ou un autre bâtiment pour élever la voix vers Dieu et Le louer. Dieu est un esprit. Il est partout. Nous pouvons L'adorer à tout moment, n'importe où. L'important est que nous L'adorions « en esprit et en vérité ». Nous devons L'adorer avec nos émotions les plus profondes et nous devons L'adorer selon la vérité de sa Parole.
2. *L'Église primitive était une communauté de culte.* Le culte privé ne suffit pas. Les chrétiens sont un groupe de culte. Dans le culte, nous nous approchons de Dieu avec un cœur sincère (Hébreux 10:22) et nous nous « encourageons les uns les autres à manifester l'amour et à faire de bonnes choses ». C'est pourquoi « nous ne devons pas cesser de nous réunir » (Hébreux 10:24-25).
3. *Les apôtres ont enseigné à l'Église comment adorer* Dieu. La manière dont nous adorons Dieu *est* importante. Caïn l'a appris à ses dépens. Les apôtres ont enseigné à l'Église comment adorer Dieu, et nous essayons d'adorer selon leurs enseignements inspirés. Nous adorons Dieu parce que nous l'aimons, l'honorons et le respectons, et parce que nous voulons vraiment lui plaire.

VIII. Une communauté d'adoration (suite)

1. Une communauté d'adorateurs (suite)

La pratique consistant à donner à Dieu un dixième de ses revenus est très ancienne. Abraham donna à Melchisédek un dixième de tout ce qu'il avait pris lors de sa bataille contre les rois (Genèse 14:20). Jacob accepta de donner à Dieu un dixième de tout ce que Dieu lui avait donné (Genèse 28:22). Sous la loi de Moïse, les Israélites devaient donner un dixième de leurs récoltes et de leurs animaux de ferme (Lévitique 27:30-31). Les Juifs donnaient encore un dixième de leurs revenus à Dieu à l'époque du Nouveau Testament.

2. Jésus avait de nouvelles idées sur le don.

Jésus n'a jamais dit à ses disciples combien ils devaient donner à Dieu. Il les encourageait simplement à accumuler des trésors dans le ciel. Il leur a dit : « Ne gardez pas vos trésors sur la terre. Les mites et la rouille les détruiront, et les voleurs pourront pénétrer dans vos maisons et les dérober. Gardez plutôt vos trésors dans le ciel, où les mites et la rouille ne les détruiront pas, et où les voleurs ne pourront pas pénétrer pour les dérober. » (Matthieu 6:19-21) Les biens les plus sûrs que nous possédons sont ceux que nous donnons à Dieu.

Jésus a dit : « Donnez aux autres, et vous recevrez. Il vous sera donné beaucoup, et il sera versé dans vos mains, au-delà de ce que vous pouvez contenir. Il vous sera donné en abondance, et cela débordera sur vos genoux. La façon dont vous donnez aux autres, c'est la façon dont Dieu vous donnera » (Luc 6:38). Plus nous donnons à Dieu, plus Dieu nous donne. Dieu nous donne toujours plus que ce que nous lui donnons.

Un jour, Jésus était assis près de la tirelire du temple et regardait les gens y déposer leurs dons. De nombreux riches arrivèrent et déposèrent beaucoup d'argent dans la tirelire. Puis une pauvre veuve vint et donna deux petites pièces de cuivre.

Jésus dit à ses disciples : « Cette pauvre veuve n'a donné que deux petites pièces, mais en réalité elle a donné plus que tous les riches. Ils ont beaucoup, et ils ont donné seulement ce dont ils n'avaient pas besoin. Cette femme est très pauvre, mais elle a donné tout ce qu'elle avait. C'était de l'argent dont elle avait besoin pour vivre » (Marc 12:43-44). Jésus a loué cette pauvre veuve, non pas parce qu'elle a donné beaucoup d'argent, mais parce qu'elle a donné tout ce qu'elle avait. Elle a fait un véritable sacrifice pour Dieu. Dieu se soucie plus de notre attitude lorsque nous donnons que de la somme que nous donnons.

3. Le don dans l'Église primitive

Lorsque les chrétiens de Judée avaient besoin de nourriture, l'Église de Corinthe organisait une collecte pour eux. Paul disait : « Que chacun de vous, le premier jour de chaque semaine, prenne de son argent et le mette dans un lieu spécial. Mettez de côté ce que vous pouvez, selon les bénédictions que Dieu vous a accordées » (1 Corinthiens 16:2). Paul leur demandait de donner autant qu'ils le pouvaient, selon la manière dont Dieu les avait bénis. Comme les chrétiens de Corinthe célébraient leur culte le premier jour de chaque semaine, c'était le bon moment pour eux d'offrir leurs dons.

Dans sa deuxième lettre aux Corinthiens, Paul fait l'éloge des chrétiens de Macédoine. Les croyants de Macédoine ont été mis à l'épreuve par de grandes difficultés. Ils étaient très pauvres, mais ils donnaient avec joie. En fait, ils donnaient plus que ce qu'ils pouvaient se permettre. Ils le faisaient de bon gré. Personne ne leur a demandé de le faire, mais ils ont demandé à plusieurs reprises à Paul de les laisser participer à ce service au peuple de Dieu. Ils ont même supplié Paul de les laisser participer. Ils l'ont fait parce qu'« avant de donner leur argent, ils se sont donnés eux-mêmes au Seigneur et à nous. C'est ce que Dieu veut » (2 Corinthiens 8:5).

Donner à Dieu est un acte d'adoration. C'est un acte d'amour et de reconnaissance. Nous nous donnons d'abord à Dieu. Ensuite, nous lui donnons notre argent. En donnant, nous reconnaissons que Dieu est la source de nos bénédictions. En donnant, nous mettons notre confiance en Dieu. Plus nous aimons et faisons confiance à Dieu, plus nous donnons.

4. Dieu aime celui qui donne avec joie.

Paul a rappelé aux Corinthiens que le fermier qui sème peu récoltera peu, mais que le fermier qui sème beaucoup récoltera beaucoup. Ce principe s'applique à nous aujourd'hui. « Que chacun de vous donne selon qu'il l'a résolu en son cœur. [...] Dieu aime ceux qui sont heureux de donner. Et il peut vous donner plus que vous n'en avez besoin, et vous aurez toujours toutes choses en abondance » (2 Corinthiens 9:7-8).

Donner avec un cœur joyeux montre que nous croyons vraiment que Dieu prendra soin de nous. « C'est Dieu qui donne la semence à ceux qui sèment, et il donne le pain pour nourriture. [...] Dieu vous enrichira à tous égards, afin que vous puissiez toujours donner librement » (2 Corinthiens 9:10-11). Voulez-vous que Dieu soit généreux envers vous ? Alors, soyez généreux dans vos dons à Dieu.

Dieu n'a pas besoin de nos dons. Il possède déjà l'univers. « La terre et tout ce qu'elle renferme appartiennent au Seigneur » (1 Corinthiens 10:26). Dieu veut que nous donnions parce que nous en avons besoin. Donner est bon pour nous. Cela nous aide à ressembler davantage au Christ qui a donné sa vie pour nous. Cela nous aide à ressembler davantage à Dieu, qui « a tant aimé le monde qu'il a donné son Fils unique » (Jean 3:16). Donner prouve que Dieu est plus important pour nous que l'argent.

5. La Sainte Cène

La veille de sa mort, Jésus a mangé la Pâque avec ses apôtres. « Pendant qu'ils mangeaient, Jésus prit du pain, et remercia Dieu pour cela. Il en rompit des morceaux, les donna à ses disciples et dit : Prenez ce pain, et mangez-le, c'est mon corps » (Matthieu 26:26).

Jésus prit alors une coupe de vin, remercia Dieu pour cela et la donna à ses disciples en disant : « Que chacun de vous en boive. Ce vin est mon sang, qui sera versé pour le pardon des péchés de plusieurs. » (Matthieu 26:28) Jésus dit aussi : « Cette coupe représente la nouvelle alliance de Dieu, qui commence par mon sacrifice de sang. Cela signifie que chaque fois que vous mangez ce pain et que vous buvez cette coupe, vous annoncez aux autres la mort du Seigneur jusqu'à son retour. » (1 Corinthiens 11:25-26)

Paul nous prévient : « Si vous mangez le pain ou buvez la coupe du Seigneur d'une manière qui ne soit pas conforme à ce qu'elle est, vous péchez contre le corps et le sang du Seigneur. Avant de manger le pain et de boire la coupe, examinez votre attitude » (1 Corinthiens 11:27-28).

6. Le pain nous rappelle le Corps du Christ.

Le pain que Jésus a donné à ses apôtres était du pain sans levain. Il ne contenait pas de levure. Ce pain nous rappelle le corps sans péché de Jésus qui a été cloué sur une croix romaine. Quand Jésus a dit : « Ce pain est mon corps », il utilisait une figure de style. Le pain représentait son corps.

Aujourd'hui, lorsque nous prenons part à la Sainte Cène, nous mangeons un petit morceau de pain sans levain. Nous pensons au corps du Christ suspendu à la croix. Dans notre esprit, nous regardons les soldats romains enfoncer des clous dans ses mains et ses pieds. Nous les voyons appuyer une couronne d'épines sur sa tête. Nous l'entendons prier : « Père, pardonne-leur. Ils ne savent pas ce qu'ils font » (Luc 23:34).

7. Le vin nous rappelle le sang du Christ.

Le vin rouge que Jésus a donné à ses apôtres était un symbole de son propre sang qu'il allait bientôt verser sur la croix. Quand Jésus a dit : « Ce vin est mon sang », il utilisait un langage symbolique. À ce moment-là, son sang était encore dans ses veines, pas dans la coupe.

Lorsque nous buvons la coupe, nous nous souvenons du sacrifice que Jésus a fait pour nous. Dans notre esprit, nous voyons le sang couler du dos de Jésus tandis que les soldats romains le fouettent avec un fouet de cuir. Nous voyons le sang couler de ses mains et de ses pieds. Nous voyons du sang et de l'eau jaillir de son corps alors qu'un soldat enfonce une lance dans le côté de Jésus (Jean 19:34).

Nous nous souvenons de ces choses horribles parce qu'elles nous rappellent l'amour de Dieu et le sacrifice du Christ. Elles nous aident à nous rappeler que Jésus a payé notre dette. Nous sommes pécheurs et nous méritons de mourir. Il était sans péché et il méritait de vivre, mais il a pris notre place sur la croix. Lorsque nous prenons la Sainte Cène, nous regardons vers le passé et nous voyons le Christ pendu à la croix. Nous regardons également vers l'avenir et voyons sa venue glorieuse.

8. Les chrétiens rompent le pain à Troas.

Lors de son troisième voyage missionnaire, Paul a passé sept jours à Troas. Luc a écrit à propos de cette visite : « Le dimanche, nous nous sommes tous réunis pour manger la Sainte Cène. Paul a parlé au groupe. Comme il prévoyait de partir le lendemain, il a continué à parler jusqu'à minuit » (Actes 20:7).

Les premiers chrétiens mangeaient la Sainte Cène tous les dimanches. La Sainte Cène était au centre de leur culte. Ils prenaient la Sainte Cène très au sérieux car elle ramenait leur cœur et leur esprit au sacrifice du Christ.

La Sainte Cène est tout aussi importante pour nous aujourd'hui. En mangeant la Sainte Cène, les chrétiens se souviennent de la souffrance et de la mort de Jésus-Christ pour ôter nos péchés. Ces choses sont au cœur de la Bonne Nouvelle. C'est pourquoi nous mangeons la Sainte Cène chaque semaine. En y participant moins souvent, nous nous privons d'une source importante de nourriture spirituelle.

9. S'offrir à Dieu, c'est l'adorer.

L'apôtre Paul a dit : « Offrez-lui vos vies en sacrifice vivant, comme une offrande qui est pour Dieu seul et qui lui est agréable. Et vu ce qu'il a fait, il est juste que vous lui rendiez un culte de la sorte » (Romains 12:1).

Lorsque nous nous donnons à Dieu, nous lui donnons plus que notre argent. Nous lui donnons notre temps, notre talent, notre énergie, nos biens et notre cœur. Nous donnons tout à Dieu comme un don d'amour.

Le mot le plus courant du Nouveau Testament pour « adorer » signifie « embrasser la main vers Dieu ». Dans l'adoration, nous embrassons la main vers Dieu. La véritable adoration consiste à dire à Dieu que nous l'aimons et à lui montrer à quel point nous nous soucions de lui par notre façon de vivre.

10. Résumé

1. *Dieu bénit ceux qui donnent avec un cœur joyeux.* En donnant à Dieu, nous amassons des trésors au ciel. En donnant, nous montrons que nous aimons Dieu plus que l'argent et que nous lui faisons confiance pour subvenir à nos besoins. En donnant, nous devenons comme le Christ qui a donné sa vie pour nous.
2. *L'Église primitive accordait une grande importance à la Sainte Cène .* La Sainte Cène était au cœur du culte chrétien chaque dimanche. En mangeant la Sainte Cène, un chrétien communie avec Dieu au plus profond de lui-même. Nous nous souvenons du sacrifice de Jésus. Nous célébrons sa victoire sur la mort et nous attendons avec impatience sa venue glorieuse.

IX.   La famille de Dieu

1. La famille de Dieu

Dans son sermon sur la montagne, Jésus a enseigné à ses disciples à prier : « Notre Père qui es aux cieux » (Matthieu 6:9). Jésus a fait référence à Dieu en l'appelant « Père ».

2. Jésus est le fils unique de Dieu.

La nuit précédant sa mort, Jésus se rendit au jardin de Gethsémané pour prier. Son grand cœur était rempli de tristesse. Il pria ainsi : « Abba, Père, tu peux tout. Ne me force pas à boire cette coupe. Mais fais ce que tu veux, et non ce que je veux » (Marc 14:36).

« Abba » est le mot araméen qui signifie « père ». C'est un terme intime et informel, semblable aux mots anglais « daddy » et « papa ». En utilisant le terme « Abba », Jésus indiquait qu'il avait une relation étroite avec le Père.

Sur la croix, Jésus a prié : « Père, pardonne-leur, car ils ne savent pas ce qu'ils font » (Luc 23:34). Plus tard, il a prié : « Père, je remets mon esprit entre tes mains » (Luc 23:46).

Jésus-Christ est le Fils de Dieu d'une manière que nul autre ne peut l'être. C'est pourquoi il est appelé le « Fils unique » de Dieu. « Dieu a tant aimé le monde qu'il a donné son Fils unique » (Jean 3:16). Personne d'autre ne peut être « le Fils de Dieu » de la même manière que Jésus. Pourtant, Jésus nous a permis de devenir enfants de Dieu.

3. Les chrétiens sont des enfants de Dieu.

Jésus « est venu dans le monde qui était le sien, et les siens ne l'ont pas reçu. Mais quelques-uns l'ont reçu, ont cru en lui, et il leur a donné le pouvoir de devenir enfants de Dieu » (Jean 1:11-12).

Nous naissons dans la famille de Dieu, mais notre naissance n'est pas une naissance physique. C'est une naissance spirituelle. L'Esprit dit : « Ils sont devenus enfants de Dieu, mais pas de la manière dont les bébés naissent habituellement, sans aucun désir ou plan humain, mais ils sont nés de Dieu lui-même » (Jean 1:13). Notre naissance dans la famille de Dieu est une naissance d'eau et d'Esprit.

Jésus dit à Nicodème : « Je te le dis, il faut que tout homme naisse de nouveau. Celui qui ne naît pas de nouveau ne peut entrer dans le royaume de Dieu » (Jean 3:3). Jésus continua : « Crois-moi, je dis que tout homme doit naître d'eau et d'Esprit. Celui qui ne naît pas d'eau et d'Esprit ne peut entrer dans le royaume de Dieu » (Jean 3:5). Cette naissance « d'eau et d'Esprit » fait référence à notre baptême. Lorsque nous croyons en Christ, que nous changeons notre cœur et notre vie et que nous sommes baptisés en Christ, nous naissons dans la famille de Dieu.

Après le baptême, l'Esprit vit en nous. L'Esprit crie : « Abba, Père » (Galates 4:6). « L'Esprit lui-même parle à notre esprit pour nous faire reconnaître comme enfants de Dieu » (Romains 8:16).

4. Grandir de l'enfance à l'âge adulte

Au moment de notre nouvelle naissance, nous sommes des enfants spirituels qui ont besoin de nourriture. L'apôtre Pierre dit : « Comme des enfants nouveau-nés qui ont faim de lait, ainsi désirez la doctrine pure qui nourrit votre esprit, afin que vous puissiez grandir et être sauvés » (1 Pierre 2:2). Pendant que nous sommes des enfants spirituels, nous recevons la nourriture du « lait » de la Parole. Lorsque nous devenons des adultes spirituels, nous recevons la nourriture de la « nourriture » de la Parole (1 Corinthiens 3:2). En nous nourrissant de la Parole de Dieu, nous grandissons à l'image de notre Père céleste.

5. Apprendre à aimer

Grandir à l'image de Dieu signifie apprendre à aimer de l'amour de Dieu. Jean a dit : « Bien-aimés, aimons-nous les uns les autres, car l'amour vient de Dieu. Quiconque aime est devenu enfant de Dieu. Et ainsi quiconque aime connaît Dieu. Celui qui n'aime pas n'a pas connu Dieu, car Dieu est amour » (1 Jean 4:7-8).

Comme nous l'avons appris dans la leçon quatre, l'amour de Dieu n'est pas un amour doux et sentimental qui change selon l'humeur. L'amour de Dieu est une bonne volonté active. Il est toujours le même. Il est patient et bienveillant. Il est désintéressé, humble, doux et lent à la colère. Il veut toujours ce qu'il y a de mieux pour les autres.

Développer ce genre d'amour n'est pas facile. Cela demande beaucoup d'efforts et de prières. Cela demande un désir et une détermination forts. Jean dit : « Nous aimons parce que Dieu nous a aimés le premier. Si nous disons que nous aimons Dieu, mais que nous haïssons certains de ses frères, nous sommes des menteurs. [...] Si nous aimons Dieu, nous devons aussi nous aimer les uns les autres comme des frères » (1 Jean 4:19-21).

6. Devenir saint

Devenir comme Dieu signifie aussi être pur et saint. Isaïe a eu une vision de Dieu assis sur un trône élevé et merveilleux. Des anges séraphins se tenaient autour du Seigneur et criaient : « Saint, saint, saint, le Seigneur des armées célestes est très saint ; sa gloire remplit toute la terre » (Isaïe 6:3).

L'apôtre Jean a eu une vision semblable de Dieu. Il a vu Dieu assis sur un trône glorieux dans le ciel. Autour du trône, quatre êtres vivants criaient : « Saint, saint, saint est le Seigneur Dieu tout-puissant ! Il a toujours été, il est, et il vient » (Apocalypse 4:8).

Dieu est saint. Le mot « saint » signifie « séparé, mis à part » et suggère une pureté absolue. Il y a une distance entre Dieu et nous tant que nous sommes pécheurs (Esaïe 59:1-2). Il est pur, et nous sommes souillés. Il est propre, et nous sommes comme des vêtements sales (Esaïe 64:6). Jésus est mort pour enlever nos péchés et pour combler le fossé entre Dieu et nous. Afin de plaire à Dieu, nous devons nous détourner du péché et essayer d'être comme notre Père céleste.

7. Dieu prend soin de ses enfants.

Dieu est notre Père céleste et nous n'avons pas à nous soucier de la nourriture, des vêtements et des besoins matériels. Jésus a dit : « Ne vous inquiétez pas de ce dont vous avez besoin pour vivre, de ce que vous mangerez, de ce que vous boirez, ou de ce que vous porterez. La vie est plus importante que la nourriture, et le corps plus important que le vêtement dont il est vêtu. » (Matthieu 6:25)

Jésus a illustré ce point en faisant référence à la nature. Il a dit : « Regardez les oiseaux. Ils ne sèment pas, ne moissonnent pas, et ne conservent pas de nourriture dans des greniers, mais votre Père céleste les nourrit. Ne savez-vous pas que vous valez bien plus qu'eux ? ... Regardez les fleurs des champs. Voyez comme elles poussent. Elles ne travaillent pas et ne se fabriquent pas de vêtements. Mais je vous dis que Salomon, le grand et riche roi, n'avait pas la beauté de ses vêtements comme l'une de ces fleurs » (Matthieu 6:26-29). Si Dieu habille l'herbe des champs de belles fleurs, il nous habillera aussi. Jésus conclut : « Ne vous inquiétez pas, car votre Père qui est dans les cieux sait que vous avez besoin de toutes ces choses. Ce que vous devez désirer le plus, c'est le royaume de Dieu et faire ce qu'il veut que vous fassiez. Alors il vous donnera tout le reste dont vous avez besoin » (Matthieu 6:32-33).

Dieu est notre Père aimant et il prend soin de nous. Un bon père donne à ses enfants ce dont ils ont besoin. Jésus a dit : « Quelqu'un parmi vous a-t-il un fils ? S'il vous demande du pain, lui donnerez-vous une pierre ? S'il vous demande un poisson, lui donnerez-vous un serpent ? Certainement pas ! ... Ainsi, votre Père céleste donnera de bonnes choses à ceux qui les lui demandent » (Matthieu 7:9-11).

8. L'Église est la famille de Dieu.

Dans sa première lettre à Timothée, Paul écrit : « Je t'écris ces choses maintenant, afin que, même si je ne peux pas venir bientôt, tu saches comment il faut se conduire dans la famille de Dieu, qui est l' Église du Dieu vivant » (1 Timothée 3:14-15).

L'auteur de l'épître aux Hébreux fait également référence à l'Église comme étant la famille de Dieu. Il dit : « Et nous avons un grand prêtre [Christ] qui juge la maison [la famille] de Dieu. Par l'aspersion du sang de Christ, nos cœurs sont apaisés et notre corps lavé d'une eau pure » (Hébreux 10:21-22).

Lorsque nous avons été baptisés en Christ, nous avons été « lavés d'eau pure ». Nous avons été purifiés du péché et libérés de notre culpabilité. À ce moment-là, nous sommes nés dans la famille de Dieu.

9. Relations familiales

Dans les familles saines, les relations sont profondes et significatives. Les parents aimants apportent soutien, conseils et compréhension à leurs enfants. En retour, les enfants aiment, honorent et obéissent à leurs parents, et les enfants s'aiment et se respectent mutuellement. Les frères et sœurs se disputent parfois, mais ils restent généralement unis quand les problèmes surviennent.

Il en est de même dans la famille de Dieu. Paul dit au jeune Timothée : « Ne parle pas avec colère à un homme plus âgé, mais parle-lui comme à un père. Traite les jeunes gens comme des frères, traite les femmes plus âgées comme des mères, et traite les jeunes comme des sœurs » (1 Timothée 5:1-2). L'Église est une famille.

Jacques a parlé des hommes et des femmes de l'Église comme de « frères » et de « sœurs ». Il a dit : « Supposons qu'un frère ou une sœur en Christ vienne à vous parce qu'il a besoin de vêtements ou de nourriture. Et vous lui dites : « Que Dieu soit avec vous ! J'espère que vous aurez chaud et que vous mangerez à sa faim ! » [...] Si vous n'aidez pas cette personne, vos paroles ne valent rien » (Jacques 2.15-16). Dans la famille de Dieu, les frères et sœurs se soutiennent et s'encouragent les uns les autres.

Le Saint-Esprit dit : « Aimez-vous les uns les autres comme des frères et sœurs. Et accordez-vous mutuellement plus d'honneur que vous n'en accordez à vous-mêmes » (Romains 12:10).

Les membres d'une famille ne sont pas toujours d'accord entre eux, mais s'ils entretiennent de bonnes relations, ils essaient de se dire des choses qui les encouragent mutuellement. En cas de besoin, ils sont prompts à s'entraider. En cas de désaccord, ils sont prompts à pardonner et à s'aimer.

10. Résumé:

1. *L'Église est comme une famille.* Dieu est notre père. Christ est notre frère aîné, et nous sommes frères et sœurs. Nous entrons dans la famille de Dieu lorsque nous naissons de nouveau d'eau et d'Esprit (Jean 3:3-5)

2. *Nous recevons de Dieu une nourriture spirituelle.* Après notre baptême, notre esprit est nourri par la Parole de Dieu. En tant que Père céleste, Dieu prend soin de nous et nous donne ce dont nous avons besoin. En tant qu'enfants de Dieu, nous l'aimons, l'honorons et lui obéissons, et nous essayons de lui ressembler.

3. *Nous devenons semblables à notre Père.* En essayant de ressembler à notre Père céleste, nous aimons les autres avec son amour et nous nous efforçons d'être purs et saints.

4. *Il y a un sentiment d'unité dans la famille de Dieu.* Les autres chrétiens sont nos frères et sœurs en Christ. Nous nous encourageons et nous respectons les uns les autres, et nous nous aidons mutuellement dans les moments de besoin. En travaillant, en adorant et en servant ensemble, nous devenons une unité familiale aimante et heureuse. Nous sommes la famille de Dieu.

À la naissance d'un bébé, les parents lui donnent la meilleure alimentation possible. Au début, ils lui donnent du lait. Ensuite, ils lui donnent des aliments pour bébé qui peuvent être avalés sans être mâchés. Enfin, ils donnent à l'enfant en pleine croissance des aliments qu'il doit mâcher. L'alimentation est la clé de la croissance et de la santé.

Dieu se préoccupe tout autant de la santé et de la croissance de ses enfants. Il a fait tout ce qui était en son pouvoir pour nous fournir une nourriture spirituelle. Il veut que nous grandissions vers la maturité spirituelle.

X.   La famille de Dieu (suite)

1. La famille de Dieu

Lorsqu'un bébé naît, les parents lui donnent la meilleure nourriture possible. Au début, ils lui donnent du lait. Ensuite, ils fournissent des aliments pour bébés qui peuvent être avalés sans mâcher. Enfin, ils donnent à l'enfant en pleine croissance de la nourriture qui doit être mâchée. L'alimentation est la clé de la croissance et de la santé.

Dieu est tout aussi préoccupé par la santé et la croissance de ses enfants. Il a fait tout son possible pour nous nourrir spirituellement. Il veut que nous grandissions vers la maturité spirituelle.

2. Le Christ nous a donné des leaders pour nous aider à grandir.

Le Christ a mis des chefs spirituels dans son église pour aider les chrétiens à grandir vers la maturité. « C'est lui [le Christ] qui a donné les uns pour être apôtres, les autres pour être prophètes, les autres pour être évangélistes, et les autres pour être pasteurs et docteurs » (Éphésiens 4:11).

Pourquoi le Christ a-t-il placé ces dirigeants dans l'église ? « Christ a donné ces dons pour préparer le peuple saint de Dieu à l'œuvre du service, pour rendre le corps de Christ plus fort » (Éphésiens 4:12). Notre but est de devenir comme un homme adulte, de ressembler au Christ et d'avoir toute sa perfection. Alors nous ne serons plus comme des bébés » (Éphésiens 4:13-14). « Nous grandirons pour être semblables à Christ en tout » (Éphésiens 4:15).

Nous ne devenons pas spirituellement matures au moment où nous sommes baptisés. Nous ne sommes que des bébés dans la famille de Dieu, mais nous ne devons pas rester des bébés pour toujours. Au baptême, nous commençons le voyage de toute une vie avec Jésus. Nous voulons être comme lui, mais parfois nous échouons. Nous faisons des erreurs et nous nous décevons nous-mêmes et décevons Dieu, mais Dieu ne nous abandonne pas. Nous ne devons pas non plus renoncer à nous-mêmes. Grandir à la ressemblance du Christ est un processus graduel qui se poursuit tout au long de notre vie.

3. Premièrement, les apôtres

Tout d'abord, le Christ a mis des apôtres dans l'église et leur a donné la capacité de nourrir et de prendre soin des nouveaux chrétiens. Les apôtres étaient comme des grands frères qui donnaient à leurs petits frères et sœurs de la nourriture spirituelle. Les chrétiens de Jérusalem se nourrissaient de l'enseignement des apôtres.

4. Deuxièmement, les prophètes

Deuxièmement, le Christ a mis des prophètes dans l'église. Ces prophètes ont aidé les apôtres à enseigner la vérité de Dieu pendant la rédaction du Nouveau Testament. Les apôtres et les prophètes ont reçu leurs messages directement de Dieu, guidés par le Saint-Esprit.

5. Troisièmement, les évangélistes

Troisièmement, le Christ a donné à certains hommes la capacité d'annoncer aux gens la Bonne Nouvelle à propos du Christ. Les premiers évangélistes ont reçu des messages directement de Dieu, car ils étaient guidés par le Saint-Esprit.

Philippe était un évangéliste (Actes 21:8). Il a prêché la Bonne Nouvelle en Samarie et y a commencé l'église. Puis il annonça la Bonne Nouvelle à un officier éthiopien et le baptisa en Christ. Finalement, il se rendit à Césarée et y prêcha la Bonne Nouvelle.

Timothée était aussi un évangéliste. Il a reçu son don spirituel lorsque Paul lui a imposé les mains (I Timothée 4:14 ; 2 Timothée 1:6-7). Paul exhorte Timothée à utiliser son don pour prêcher la Bonne Nouvelle (2 Timothée 4:2).

Après la rédaction du Nouveau Testament, les évangélistes ont étudié la Parole de Dieu par eux-mêmes. En lisant les Écritures, ils pensaient et priaient. Ensuite, ils ont raconté aux gens ce qu'ils avaient appris. Lorsque les apôtres et les prophètes sont morts, personne ne les a remplacés, mais l'œuvre d'évangélisation a continué. Aujourd'hui encore, les évangélistes proclament la Bonne Nouvelle du Christ.

6. Quatrièmement, les pasteurs-enseignants

Quatrièmement, le Christ a donné à certains hommes la capacité de prendre soin du peuple de Dieu et de l'instruire. Ces hommes étaient appelés « pasteurs ». Le mot grec qui est traduit par « pasteur » signifie « berger ». Un berger nourrit, soigne et protège ses brebis. Un berger spirituel nourrit son troupeau spirituel avec la Parole de Dieu. Il prend soin d'eux et les protège du mal.

7. Les pasteurs étaient appelés « anciens ».

Les pasteurs étaient souvent appelés « anciens » parce qu'ils étaient des hommes plus âgés. C'étaient des hommes dont l'âge, la maturité et l'expérience les qualifiaient pour être des dirigeants dans l'Église. Nous lisons pour la première fois l'histoire des anciens de l'église dans Actes 11:30. Ces hommes étaient les dirigeants des églises de Judée.

Lors de leur premier voyage missionnaire, Paul et Barnabé ont revisité les églises de Lystres, d'Iconium et d'Antioche de Pisidie. Avec le jeûne et la prière, ils ont nommé des anciens dans chaque église (Actes 14:23). Ces anciens étaient chargés de conduire leurs congrégations vers la maturité spirituelle.

8. Les pasteurs étaient appelés « évêques ».

Les pasteurs étaient également appelés « évêques », c'est-à-dire « surveillants ». À Milet, « Paul invita les anciens de l'église d'Éphèse à venir à lui » (Actes 20:17). Il leur dit : « Veillez sur vous-mêmes et sur tout le troupeau dont l'Esprit Saint vous a établis surveillants. Soyez des bergers de l'Église de Dieu » (Actes 20:28).

Ici, trois termes sont utilisés pour décrire le même groupe d'hommes. Au verset 17, ces hommes sont appelés « anciens ». Au verset 28, ils sont appelés « évêques » et « bergers ». « Aîné » (c'est-à-dire plus âgé) suggère qu'ils étaient des leaders matures et expérimentés. « Évêque » (signifiant surveillant) suggère qu'ils veillaient sur l'église. Le terme « berger » suggère qu'ils ont nourri le peuple de Dieu avec de la nourriture spirituelle et l'ont protégé des faux enseignements et des mauvaises influences. Chaque congrégation était dirigée, nourrie et protégée par des hommes plus âgés et plus sages qui prenaient soin des membres de l'église comme un berger prenait soin de ses brebis.

9. Qualités des aînés

Les qualités des anciens sont énumérées par l'apôtre Paul dans sa première lettre à Timothée. Paul a écrit qu'un « évêque » (ou surveillant) doit être un homme bon avec une seule femme. Il doit avoir la maîtrise de soi et être sage. Il doit être respecté et prêt à aider les gens en les accueillant chez lui. Il doit être un bon professeur, doux et paisible. Il ne doit pas boire trop de vin ou aimer se battre. Il ne doit pas aimer l'argent. Il doit être un bon dirigeant dans sa propre famille afin que ses enfants lui obéissent et le respectent. Il ne doit pas être un nouveau croyant, et il doit avoir le respect des gens en dehors de l'église (I Timothée 3:1-7).

Dans sa lettre à Tite, Paul utilise les termes « évêque » et « ancien » de manière interchangeable : pour être ancien, un homme ne doit pas être coupable de vivre d'une mauvaise manière. Il doit être fidèle à sa femme, et ses enfants doivent être croyants. Ils ne doivent pas être connus comme des enfants sauvages qui n'obéissent pas (Tite 1:6). « L'évêque a la tâche de prendre soin de l'œuvre de Dieu » (Tite 1:7). Il ne doit pas être orgueilleux ou égoïste, et il ne doit pas se mettre en colère rapidement. Il ne doit pas être quelqu'un qui fera presque n'importe quoi pour de l'argent. Il doit aimer ce qui est bon. Il doit vivre correctement et être sage et saint. Il doit suivre et enseigner la vérité, et il doit être capable de montrer aux faux enseignants qu'ils ont tort et de les empêcher de parler de choses sans valeur (Tite 1:7-9, 11).

10. Diacres

Le terme « diacre » signifie « serviteur ». Les sept hommes qui ont aidé les apôtres à s'occuper des veuves de langue grecque à Jérusalem ont été les précurseurs des diacres. Ils ont pris soin des veuves afin que les apôtres puissent se consacrer à la prière et à l'enseignement (Actes 6:1-6).

Les diacres sont mentionnés pour la première fois dans la lettre de Paul aux Philippiens. Paul a écrit : « À tous les saints en Jésus-Christ à Philippes, avec les surveillants et les diacres » (Philippiens 1:1-2). Les diacres sont des serviteurs spéciaux qui aident les anciens à prendre soin des enfants de Dieu.

Les qualités spirituelles des diacres sont énumérées dans la première lettre de Paul à Timothée. Les diacres doivent être des hommes que les gens respectent. Ils ne doivent pas dire des choses qu'ils ne pensent pas, et ils ne doivent pas boire trop de vin. Ils ne doivent pas être des hommes prêts à faire presque n'importe quoi pour de l'argent, et ils doivent toujours faire ce qu'ils savent être juste. Ils doivent être fidèles dans le mariage et ils doivent être de bons dirigeants dans leur propre famille. Enfin, ils doivent être très sûrs de leur foi en Jésus-Christ (I Timothée 3:8-10, 12-13).

11. Les femmes dans l'Église

Les femmes étaient très actives dans l'église primitive. Phœbé était une aide spéciale dans l'église de Cenchrée (Romains 16:1). Priscille et son mari Aquilas ont travaillé en étroite collaboration avec Paul dans plus d'une ville (Romains 16:3). Marie a travaillé dur pour l'Église à Rome (Romains 16:6). Tryphaena et Tryphosa firent de même (Romains 16:12). Euodia et Syntyche ont servi avec Paul pour annoncer aux gens la Bonne Nouvelle à Philippes (Philippiens 4:2-3).

À Joppé, Tabitha (également appelée Dorcas) faisait toujours de bonnes choses pour les gens et donnait de l'argent à ceux qui en avaient besoin (Actes 9:36). À Casearea, les quatre filles de Philippe ont reçu le don de prophétiser (Actes 21:8-9). À Corinthe, les femmes priaient et prophétisaient (1 Corinthiens 11:5).

Les femmes plus âgées étaient encouragées à enseigner aux jeunes femmes à aimer leur mari et leurs enfants, à être sages et pures, à prendre soin de leur foyer, à être gentilles et à obéir à leur mari (Tite 2:3-5).

12. Limites du culte public

Dans l'Église primitive, les femmes servaient le peuple de Dieu de nombreuses façons. Pourtant, lorsque toute l'église s'est réunie, les femmes n'ont pas guidé les hommes dans l'adoration (1 Corinthiens 14 : 23, 26). Ils adoraient, mais ils ne dirigeaient pas les hommes. Paul dit : « Les femmes doivent se taire dans ces réunions d'église. Ils n'ont pas le droit de parler, mais ils doivent être sous l'autorité, comme le dit la loi de Moïse » (1 Corinthiens 14:34).

Paul poursuit : « Si vous pensez que vous êtes prophète ou que vous avez un don spirituel, vous devez comprendre que ce que je vous écris est l'ordre du Seigneur » (1 Corinthiens 14:37).

Paul n'a pas écrit ces choses parce qu'il haïssait les femmes. Il ne les a pas non plus écrits parce que la culture de son époque exigeait que les femmes se taisent dans les réunions publiques. Dans de nombreuses villes que Paul a visitées, les femmes étaient des leaders influentes dans la communauté (Actes 17:1-4, 12). À l'époque du Nouveau Testament, la culture permettait aux femmes d'être des leaders communautaires actifs, mais dans l'église, le culte était dirigé par des hommes. Ce n'était pas seulement vrai à Corinthe. C'était aussi vrai dans toutes les églises (1 Corinthiens 14:34).

Les raisons pour lesquelles Paul insistait sur le leadership masculin dans l'église étaient basées sur les Écritures, et non sur la culture. Tout d'abord, c'est ce que « dit la loi de Moïse » (verset 34). Deuxièmement, c'est « l'enseignement de Dieu » (verset 36). Et troisièmement, c'est « le commandement du Seigneur » (verset 37). Dans sa première lettre à Timothée, Paul a dit : « Je ne permets pas à une femme d'enseigner à un homme ou de lui dire ce qu'il doit faire » (I Timothée 2:11-12). Pourquoi? « Parce qu'Adam a été créé le premier. Eve a été faite plus tard. De plus, ce n'est pas Adam qui a été trompé. C'est la femme qui a été trompée et qui est devenue pécheresse » (I Timothée 2:13-14).

Guidé par l'Esprit, Paul se réfère à la Genèse, le premier livre de la loi. L'ordre de la création était Adam d'abord, puis Ève (Genèse 2). L'ordre des péchés était Ève d'abord, puis Adam (Genèse 3). Après qu'Ève ait péché, Dieu lui a dit : « Tu voudras beaucoup de ton mari, mais il dominera sur toi » (Genèse 3:16). Paul dit simplement à Timothée que Dieu n'a pas changé d'avis sur ce qu'il a dit à la femme dans Genèse 3:16.

Le principe qui contrôle les rôles masculins et féminins dans l'Église est énoncé dans 1 Corinthiens 11:3 : « Le chef (l'autorité) de tout homme, c'est Christ. Et la tête d'une femme, c'est l'homme. Et la tête du Christ, c'est Dieu.

Les hommes et les femmes ont des rôles différents dans l'Église, mais ils ont la même valeur. Paul a dit aux Galates : « Or, en Christ, il n'y a pas de différence entre... mâle et femelle. Vous êtes tous les mêmes en Jésus-Christ. Tu appartiens à Christ » (Galates 3:27-29). Dans la famille de Dieu, les filles sont tout aussi précieuses pour le Père que les fils.

13.Points à retenir dans cette leçon

1. Dieu nous a donné des leaders spirituels pour nous aider à grandir. Dans les premiers temps de l'église, il y avait des apôtres, des prophètes, des évangélistes, des pasteurs et des enseignants. Ces hommes ont enseigné la Parole de Dieu alors qu'ils étaient guidés par le Saint-Esprit. Leur responsabilité était d'aider la famille de Dieu à grandir vers la maturité spirituelle. Après l'achèvement du Nouveau Testament, les gens ont étudié la Parole de Dieu par eux-mêmes et l'ont enseignée aux autres. Les apôtres et les prophètes sont morts, et leur travail a pris fin, mais le travail des évangélistes, des pasteurs et des enseignants a continué. Ils conduisent encore aujourd'hui l'Église vers la maturité.
2. L'Église est la famille de Dieu. Dieu est notre Père. Jésus est notre frère aîné. Les chrétiens sont nos frères et sœurs. En tant que membres d'une même famille, nous nous encourageons mutuellement et nous nous édifions mutuellement. Il y a des relations profondes et significatives dans la famille de Dieu, des relations qui dureront éternellement.

XI.   Le sacerdoce royal

1. Un sacerdoce royal

L'apôtre Pierre a indiqué que TOUS les chrétiens, hommes et femmes, sont « des sacrificateurs saints qui lui offrent des sacrifices spirituels » (1 Pierre 2:5). Pierre a encore dit : « Mais vous, vous êtes sa race élue, les sacrificateurs du roi, vous êtes une nation sainte, un peuple qui appartient à Dieu, et il vous a choisis pour annoncer ses merveilles » (1 Pierre 2:9).

Être prêtre du Roi implique certaines responsabilités sacerdotales.

2. Un prêtre est saint.

Jésus est notre exemple. « Jésus est le genre de souverain sacrificateur dont nous avons besoin. Il est saint. Il n'a point de péché en lui. Il est pur et ne se laisse pas influencer par les pécheurs » (Hébreux 7:26).

Nous avons été appelés à servir le Dieu vivant. C'est pourquoi nous devons être saints. Pierre a dit : « Soyez saints dans toutes vos actions, comme Dieu est saint. C'est lui qui vous a appelés. Dans les Écritures, Dieu dit : « Soyez saints, car je suis saint » (1 Pierre 1:15-16).

Chaque chrétien est prêtre et est appelé à être pur et sans péché. Lorsque nous péchons, nous le confessons à Dieu et nous nous détournons de ce péché (Actes 8:22). Dieu nous pardonne alors et nous purifie des mauvaises choses que nous avons faites (1 Jean 1:9). Si nous vivons à la lumière de la bonté de Dieu, « le sacrifice sanglant de Jésus, le Fils de Dieu, lave tout péché et nous purifie » (1 Jean 1:7). Le verbe « laver » est au présent. Cela signifie que Jésus continue à nous purifier. Nous essayons de ne pas pécher, mais si nous péchons, « nous avons Jésus-Christ pour nous aider. Il a toujours fait ce qui était juste, c'est pourquoi il est capable de nous défendre devant Dieu le Père. Jésus est le moyen par lequel nos péchés sont enlevés » (1 Jean 2:1-2).

Nous sommes les « saints prêtres » de Dieu. Nous avons été pardonnés et purifiés par le sacrifice du Christ. Nous avons été mis à part pour le service de Dieu.

3. Un prêtre offre des sacrifices spirituels.

En tant que prêtres du roi, nous offrons des sacrifices spirituels à Dieu. Il existe au moins quatre types de sacrifices spirituels que les chrétiens offrent à Dieu.

1. *Notre louange est un sacrifice spirituel* : « C'est pourquoi, par Jésus, nous ne cessons jamais d'offrir à Dieu notre sacrifice, qui est *notre louange* , qui sort de lèvres qui prononcent son nom » (Hébreux 13:15). Lorsque nous louons Dieu et lui rendons grâce, nous offrons des sacrifices spirituels en tant que prêtres.

2. *Faire le bien et partager au nom du Christ est un sacrifice spirituel* : « N'oubliez pas de *faire du bien* et de partager avec les autres ce que vous avez, car de tels sacrifices sont très agréables à Dieu » (Hébreux 13:16). Jésus a dit : « Quiconque aide l'un de ces petits parce qu'il est mon disciple, recevra certainement une récompense, même s'il ne lui donne qu'un verre d'eau froide » (Matthieu 10:42). Lorsque nous aidons les gens au nom du Christ, nous servons en tant que prêtres du Roi.

3. *Offrir de l'argent et des dons matériels à Dieu est un sacrifice spirituel* : Paul remercie les Philippiens pour leur don. Il dit : « Votre *offrande* est comme un sacrifice de bonne odeur qui est offert à Dieu. Dieu agrée ce sacrifice, et il lui est agréable » (Philippiens 4:18). L'église de Philippes avait envoyé de l'argent à Paul pour qu'il puisse prêcher la Bonne Nouvelle. En soutenant Paul dans son ministère, les chrétiens de Philippes agissaient comme des prêtres du Roi.

4. *Offrir notre vie à Dieu est un sacrifice spirituel* : « Offrez-lui vos vies en sacrifice vivant, une offrande qui n'appartient qu'à Dieu et qui lui est agréable » (Romains 12:1). Lorsque nous offrons notre corps, notre temps, notre talent, notre énergie à Dieu, ou lorsque nous renonçons à des plaisirs qui ne sont pas bons, nous agissons comme prêtres du Roi.

4. Un prêtre parle de Dieu aux gens.

Le prêtre est un pont entre Dieu et les êtres humains. Les hommes sont séparés de Dieu à cause du péché. Isaïe a dit : « Ce sont vos péchés qui vous séparent de votre Dieu. L'Éternel se détourne de vous quand il les voit » (Isaïe 59:2). Le péché sépare encore aujourd'hui les hommes de Dieu.

C'est pourquoi Jésus-Christ est venu sur terre. Jésus « n'a offert qu'un seul sacrifice pour tous les temps : il s'est offert lui-même » (Hébreux 7 : 27). Jésus a enlevé le mur du péché qui nous séparait de Dieu.

Paul a dit : « Quiconque espère dans le Seigneur Dieu sera sauvé » (Romains 10:13). Par « confiance », Paul entend la croyance associée à l'engagement et à l'obéissance. Mais « avant que les hommes puissent prier le Seigneur pour obtenir de l'aide, il faut qu'ils croient en lui. Et avant de pouvoir croire au Seigneur, il faut qu'ils entendent parler de lui. Et pour que quelqu'un entende parler du Seigneur, il faut que quelqu'un le lui annonce » (Romains 10:14).

En tant que prêtres du Roi, nous devons partager la Bonne Nouvelle avec les autres. Pierre a dit à tous les chrétiens : « Il [Dieu] vous a choisis pour raconter les merveilles qu'il a faites » (1 Pierre 2:9).

L'apôtre Paul a écrit : « C'est Dieu qui agit en vous, et il vous aide à vouloir faire ce qui lui est agréable. [...] Mais vous, vous êtes entourés de gens mauvais qui ont perdu le sens de la justice. Parmi eux, vous brillez comme des flambeaux dans un monde de ténèbres, et vous leur apportez la doctrine qui donne la vie » (Philippiens 2:13, 15-16). Chaque chrétien est appelé à briller comme une lumière dans le monde des ténèbres et à enseigner aux gens le chemin de la vie.

5. Exemples dans l'Église primitive

Après la mort d'Etienne, les autorités juives commencèrent à persécuter les croyants de Jérusalem. Saul de Tarse essayait de détruire l'Église. Il entra dans les maisons des croyants, en fit sortir hommes et femmes et les jeta en prison. Tous les croyants quittèrent Jérusalem. Seuls les apôtres restèrent dans la ville. Lorsque les croyants quittèrent Jérusalem, ils « allèrent dans différents lieux de la Judée et de la Samarie. Les croyants « furent dispersés en tous lieux, et dans tous les lieux où ils allaient, ils annonçaient la Bonne Nouvelle aux gens » (Actes 8:1-4).

L'Église s'est rapidement répandue de Jérusalem à la Judée, à la Samarie, à Damas, à la Phénicie, à Chypre et à Antioche. Cette croissance s'est produite parce que des croyants ordinaires allaient partout pour annoncer la Bonne Nouvelle (Actes 11:19-21). Ce faisant, ils remplissaient le rôle de prêtres du roi.

6. Vous pouvez annoncer la bonne nouvelle aux autres.

Si vous êtes chrétien, vous êtes prêtre du Roi et vous êtes appelé à annoncer aux autres la Bonne Nouvelle du Christ. Parlez-en à votre famille, à vos amis, à vos collègues de travail ou à vos camarades de classe. Parlez-en à tous ceux qui veulent bien vous écouter, à tous ceux qui s'intéressent aux choses spirituelles.

Certaines personnes changeront de sujet lorsque vous commencerez à parler de Dieu. Certaines se moqueront de vous. D'autres s'en iront. Ne soyez pas surpris si cela se produit et ne vous découragez pas. Jésus nous a prévenus que certaines personnes n'accepteront pas la Parole de Dieu (Matthieu 13:3-23). Nous ne savons pas qui acceptera l'enseignement de Dieu et qui ne l'acceptera pas, alors nous parlons au plus grand nombre de personnes possible. Si nous semons la graine, Dieu donnera l'accroissement (1 Corinthiens 3:6).

En tant que saints prêtres, nous devons être humbles, doux, patients et bienveillants envers les personnes que nous enseignons. Nous devons « dire la vérité avec amour » (Éphésiens 4:15). Alors, Dieu bénira nos efforts et nous serons une bénédiction pour les autres.

7. Vous pouvez fonder une église chez vous.

À l'époque du Nouveau Testament, les églises se réunissaient souvent dans des maisons. Une église se réunissait dans la maison de Priscille et d'Aquilas à Corinthe (1 Corinthiens 16:19). Une église se réunissait dans la maison de Nympha à Colosses (Colossiens 4:15). Et une église se réunissait dans la maison de Philémon (Philémon 2).

S'il n'y a pas d'église biblique dans votre communauté, alors créez-en une chez vous. Vous êtes un prêtre du Roi. Invitez votre famille, vos voisins et vos amis à vous rencontrer pour le culte et l'étude de la Bible. S'il y a d'autres chrétiens dans votre région, demandez-leur de se joindre à vous. Plus tard, lorsque l'église sera plus grande, vous pourrez peut-être louer une salle publique ou construire votre propre bâtiment. N'oubliez pas que l'église primitive ne possédait pas de propriété. Pourtant, elle prêchait la Bonne Nouvelle au monde entier. Une église n'a pas besoin de posséder un bâtiment pour être une église active, en croissance et puissante.

Vous vous demandez peut-être comment appeler cette nouvelle congrégation. L'Église primitive n'avait pas de nom officiel. En général, on l'appelait simplement « l'Église ». On l'appelait aussi « l'Église de Dieu » (Actes 20:28), « le corps de Christ » (1 Corinthiens 12:27) et d'autres noms qui identifiaient l'Église comme un groupe de personnes qui appartenaient à Christ. Les congrégations étaient appelées « églises de Christ » (Romains 16:16).

Certains vous diront qu'il n'est pas nécessaire de suivre les enseignements de la Bible. Ils disent que les temps ont changé depuis que le Nouveau Testament a été écrit et que nous devons changer avec le temps. Il est vrai que certaines choses sont enracinées dans la culture et doivent changer avec le temps. Mais il est également vrai que certaines choses ne changent jamais. Par exemple, « Jésus-Christ est le même hier, aujourd'hui et éternellement » (Hébreux 13:8). Dieu ne change jamais. « Il est toujours le même » (Jacques 1:17), et la Bonne Nouvelle concernant le Christ ne doit pas changer. Paul nous avertit : « Ainsi, quiconque vous annonce un autre message, même s'il s'agit de l'un de nous ou d'un ange du ciel, qu'il soit condamné » (Galates 1:8). Jean nous prévient à la toute fin de la Bible : « Si quelqu'un ajoute quelque chose à ces paroles, Dieu lui infligera les fléaux décrits dans ce livre. Et si quelqu'un retranche quelque chose des paroles de ce livre de prophétie, Dieu retranchera sa part de l'arbre de vie et de la ville sainte, dont il est question dans ce livre » (Apocalypse 22:18-19). Il est donc important de suivre les Écritures.

Conclusion

1. *L'Église est un sacerdoce royal* . Chaque chrétien est prêtre du Roi. En tant que prêtres du Roi, nous offrons des sacrifices spirituels. Nous élevons nos voix vers Dieu pour le louer. Nous servons les autres au nom du Christ. Nous donnons notre argent et nos biens matériels à Dieu pour que la Bonne Nouvelle puisse être prêchée dans le monde entier, et nous offrons notre corps à Dieu comme sacrifice vivant pour que Dieu puisse nous utiliser pour accomplir ses desseins.
2. *En tant que prêtres du Roi, nous amenons les gens à Christ* . Le péché érige un mur entre Dieu et l'humanité, et Dieu a abattu ce mur en sacrifiant son Fils. Cette Bonne Nouvelle du Christ est la puissance que Dieu utilise pour sauver les gens (Romains 1:16). C'est pourquoi nous devons la partager avec les autres.
3. *En tant que prêtres du Roi, nous suivons les instructions du Roi* . Comme Abel, nous essayons de plaire à Dieu plutôt qu'à nous-mêmes. Par-dessus tout, nous essayons d'être comme le Christ, notre grand prêtre sans péché. Il s'est offert en sacrifice pour nous sauver de nos péchés. Il est notre tout. Il est notre tout.

XII.   L'épouse du Christ

1. L'épouse du Christ

Un jour, des hommes vinrent trouver Jean-Baptiste et lui dirent : « Maître, te souviens-tu de l'homme qui était avec toi de l'autre côté du Jourdain ? C'est cet homme dont tu parlais à tous. Il baptise, et beaucoup vont à lui » (Jean 3:26).

Jean répondit : « L'homme ne peut recevoir que ce que Dieu lui donne. Vous-mêmes, vous m'avez entendu dire : Je ne suis pas le Christ, je suis seulement celui que Dieu a envoyé pour lui préparer la voie » (Jean 3:27-28).

Jean dit alors : « L'épouse appartient toujours à l'époux. L'ami qui aide l'époux se contente d'attendre et d'écouter. Il est heureux d'entendre l'époux parler. C'est ce que je ressens maintenant. Je suis si heureux qu'il soit là » (Jean 3:29-30). Dans un langage symbolique, Jean fait référence à Jésus comme « l'époux ».

2. Jésus se réfère à lui-même comme l'Époux.

Plus tard, les disciples de Jean s'approchèrent de Jésus et lui dirent : « Nous et les pharisiens jeûnons souvent, mais tes disciples ne jeûnent pas. Pourquoi ? » (Matthieu 9:14).

Jésus répondit : « Lors des noces, les amis de l'époux ne sont pas tristes pendant qu'il est avec eux. Ils ne peuvent pas alors jeûner. Mais le temps viendra où l'époux leur sera enlevé. Alors ils jeûneront. » (Matthieu 9:15).

Ici, Jésus se réfère à lui-même comme « l'époux ».

3. L'Église est l'épouse du Christ.

La relation entre Christ et son Église ressemble beaucoup à celle qui existe entre un époux et son épouse. Dans sa lettre à l'Église d'Éphèse, Paul écrit : « Femmes, soyez disposées à servir vos maris comme le Seigneur. Le mari est le chef de sa femme, comme Christ est le chef de l'Église. [...] L'Église est au service de Christ. [...] » (Éphésiens 5:22-24).

Paul dit ensuite aux maris : « Maris, aimez vos femmes comme Christ a aimé l'Église et a donné sa vie pour elle. Il est mort pour sanctifier l'Église. Il a utilisé la prédication de la Bonne Nouvelle pour purifier l'Église en la lavant avec de l'eau. Christ est mort pour pouvoir s'offrir l'Église comme une épouse dans toute sa beauté. Il est mort pour que l'Église soit sainte et irréprochable, sans mal ni péché ni rien d'autre. Et les maris devraient aimer leurs femmes de la même manière. Ils devraient aimer leurs femmes comme ils aiment leur propre corps. ... Personne ne hait jamais son propre corps, mais le nourrit et en prend soin. Et c'est ce que Christ fait pour l'Église parce que nous sommes des membres de son corps. Les Écritures disent : « C'est pourquoi l'homme quittera son père et sa mère et s'attachera à sa femme, et les deux seront un. » Cette vérité secrète est très importante – je parle de Christ et de l'Église » (Éphésiens 5:25-32).

Dans cette belle image de l'Église comme épouse du Christ, plusieurs choses ressortent :

1. L'Église est sous l'autorité aimante du Christ et lui obéit en toutes choses. Le Christ est le chef de l'Église.
2. Christ a aimé l'Église et est mort pour elle. Il est mort pour la purifier et la mettre à part pour lui-même comme épouse glorieuse. Christ a sanctifié l'Église par la prédication de la Bonne Nouvelle. Il a rendu l'Église pure

en la lavant dans l'eau du baptême. Christ veut que son épouse soit « sainte et irréprochable, sans mal, sans péché, ni rien de mal ».

3. Comme un homme prend soin de son corps, ainsi le Christ prend soin de son Église. Pourquoi ? Parce que le Christ et son Église sont devenus un, tout comme un homme et sa femme sont devenus un dans le mariage.

4. Le grand festin de mariage au paradis

Par la puissance du Saint-Esprit, l'apôtre Jean regarda vers le ciel. Là, il vit vingt-quatre vieillards et quatre êtres vivants qui se prosternaient devant le trône de Dieu. Ils disaient : « Amen ! Alléluia ! » (Apocalypse 19:4).

Alors une voix sortit du trône de Dieu. Cette voix disait : « Louez notre Dieu, vous tous qui le servez ! Louez notre Dieu, vous tous, petits et grands, qui l'honorez ! » (Apocalypse 19:5).

Alors Jean entendit un bruit qui ressemblait à celui d'une grande foule de gens, comme le bruit des vagues qui s'écrasent ou le grondement du tonnerre. Le peuple disait : Alléluia ! Notre Seigneur Dieu règne, il est le Tout-Puissant. Réjouissons-nous, soyons heureux et rendons gloire à Dieu ! Rendons gloire à Dieu, car *les noces de l'Agneau* (Jésus) sont venues, et *l'épouse de l'Agneau* (l'Église) s'est préparée » (Apocalypse 19:6-7).

L'ange dit à Jean : « Écris : Quelle grande bénédiction pour ceux qui sont invités au festin des noces de l'Agneau ! » (Apocalypse 19:9).

5. La belle épouse du Christ

Finalement, Jean vit l'Église glorifiée (la « nouvelle terre » promise dans Ésaïe 66:22 ; 2 Pierre 3:13 ; Apocalypse 21:1) descendre du ciel comme une épouse qui vient à la rencontre de son époux. Jean dit :

« Et je vis descendre du ciel, d'auprès de Dieu, la ville sainte, la nouvelle Jérusalem, préparée comme une épouse qui s'est parée pour son époux. Et j'entendis une voix forte venant du trône, qui disait : « Maintenant, la demeure de Dieu est avec les hommes ; il habitera avec eux, et ils seront son peuple. Il essuiera toute larme de leurs yeux, et la mort ne sera plus, et il n'y aura plus ni tristesse, ni cri, ni douleur ; toutes les anciennes voies ont disparu. » (Apocalypse 21:2-4)

Puis un ange dit à Jean : « Viens avec moi, et je te montrerai l' épouse, la femme de l'Agneau [c'est-à-dire Jésus] » (Apocalypse 21:9).

L'ange transporta Jean sur une très grande et très haute montagne et lui montra l'épouse. L'épouse était la ville sainte, la nouvelle Jérusalem. Elle brillait de gloire, comme un joyau très précieux. Elle était transparente comme du cristal.

La ville (l'Église glorifiée) avait une haute muraille avec douze portes. Les murs étaient construits sur douze pierres de fondation, et sur ces pierres étaient écrits les noms des douze apôtres de l'Agneau. La ville était faite d'or pur, aussi pur que du verre. Les pierres de fondation des murs de la ville étaient ornées de toutes sortes de pierres précieuses : jaspe, saphir, calcédoine, émeraude, onyx, cornaline, quartz jaune, béryl, topaze, chrysoprase, hyacinthe et améthyste. Les douze portes étaient en perles, et la rue de la ville était en or pur.

Un fleuve d'eau de vie coulait à travers la ville (l'église glorifiée). Le fleuve était brillant comme du cristal. Il sortait du trône de Dieu et de l'Agneau et coulait au milieu de la rue de la ville. L'arbre de vie poussait de chaque côté du fleuve et donnait des fruits chaque mois. Les feuilles de l'arbre servaient à guérir tout le peuple. Les serviteurs de Dieu regardaient la face de Dieu et l'adoraient (Apocalypse 21:9-27 ; 22:1-4).

C'est une image symbolique de l'Église glorifiée. De simples mots ne peuvent décrire la beauté de l'épouse. Dieu ne peut que stimuler notre imagination en imaginant l'Église comme une cité faite d'or, de cristal, de perles et de pierres précieuses. Au ciel, l'Église sera rendue parfaite. Au ciel, le Christ prendra pour lui une Église sans mal, sans péché et sans aucune faute. Au ciel, nous trouverons le bonheur éternel en compagnie d'un Christ aimant.

6. L'invitation céleste

Puis Jean entendit la voix de Jésus qui disait : « Écoutez ! Je viens bientôt, et j'apporterai avec moi la récompense. Je suis l'Alpha et l'Oméga, le premier et le dernier, le commencement et la fin » (Apocalypse 22:12-13).

Jésus est l'Éternel. Un jour, il reviendra pour récompenser son peuple. « Quelle grande bénédiction pour ceux qui ont lavé leurs robes [en étant baptisés] ! Ils auront le droit de manger de l'arbre de vie et d'entrer par les portes de la ville » (Apocalypse 22:14). Quand Jésus reviendra, il bénira ceux dont les péchés auront été lavés. Il les accueillera dans l'Église céleste et leur donnera la vie pour toujours.

Ceux qui n'ont pas lavé leurs robes lors du baptême seront exclus de l'Église céleste. En dehors de la ville se trouvent les gens qui pèchent sexuellement, qui commettent des meurtres, qui adorent les idoles et qui disent des mensonges (Apocalypse 22:15).

Cette vision de l'Église au ciel est un avertissement et une invitation. C'est un avertissement contre le péché et une invitation à venir à Jésus pour être guéri. L'Église invite les gens à venir à Christ : « L'Esprit et l' *épouse* disent : Viens ! Si quelqu'un a soif, qu'il vienne ; il aura de l'eau de la vie gratuitement, s'il le désire » (Apocalypse 22:12-17).

Conclusion

1. *Dieu veut que nous devenions chrétiens afin que nous puissions être avec lui pour toujours*. Il a sacrifié son Fils unique pour rendre cela possible.
2. *Le Christ nous invite à venir à lui pour la guérison spirituelle* . Son invitation est ouverte à tous les peuples de toutes les nations. Il nous invite à venir et à accepter ses récompenses. Si quelqu'un a soif de l'amour de Dieu, qu'il vienne et boive de l'eau de la vie. L'Esprit et l'épouse disent : « Viens ! »

7. Qu'est-ce que l'Église ?

— *L'Église est le royaume de Dieu*. Elle est composée de personnes qui ont répondu à l'appel du Christ à sortir du péché et à vivre sous le règne de Dieu.
— **L'Église** *est le corps du Christ*. Le Christ continue de servir et de sauver les gens aujourd'hui à travers son corps, l'Église.
— **L'Église est le temple du Saint-Esprit**. Le Saint-Esprit nous parle par la Parole de Dieu, nous conduit à la foi, à la repentance et au baptême. Puis, il vit en nous après notre nouvelle naissance. Il nous donne la force spirituelle pour nous détourner de la tentation et il nous transforme lentement à l'image de Christ.
— **L'Église est une communauté d'adoration**. Nous nous réunissons chaque semaine pour adorer Dieu en esprit et en vérité.
— *L'Église est la famille de Dieu*. Dieu est notre Père, le Christ est notre frère aîné et nous sommes des frères et sœurs qui nous aimons et nous encourageons les uns les autres.
— *L'Église est un sacerdoce royal*. Chaque croyant, homme ou femme, est prêtre du Roi et a la responsabilité d'offrir des sacrifices spirituels et d'amener les gens à Dieu en leur annonçant la Bonne Nouvelle du Christ.
— *L'Église est l'épouse du Christ*. Le Christ a aimé l'Église et s'est donné pour elle. Il l'a rendue pure et sainte dans les eaux du baptême, et il la prendra avec lui dans un amour parfait pour toute l'éternité.

Table des matières

Buy your books fast and straightforward online - at one of world's fastest growing online book stores! Environmentally sound due to Print-on-Demand technologies.

Buy your books online at
www.morebooks.shop

Achetez vos livres en ligne, vite et bien, sur l'une des librairies en ligne les plus performantes au monde!
En protégeant nos ressources et notre environnement grâce à l'impression à la demande.

La librairie en ligne pour acheter plus vite
www.morebooks.shop